“最美中国”丛书（第二版）

最美的品牌

高翔宇　著

合肥工業大學出版社

图书在版编目(CIP)数据

最美的品牌/高翔宇著．—2版．—合肥：合肥工业大学出版社，2017.12（2019.3重印）

（最美中国丛书）

ISBN 978-7-5650-3746-7

Ⅰ.①最… Ⅱ.①高… Ⅲ.①民族品牌—介绍—中国—古代 ②民族品牌—介绍—中国—近代 Ⅳ.①F279.29

中国版本图书馆CIP数据核字(2017)第325238号

最美的品牌

高翔宇 著　　　　责任编辑 朱移山 张 慧

出 版	合肥工业大学出版社	版 次	2012年12月第1版
地 址	合肥市屯溪路193号		2017年12月第2版
邮 编	230009	印 次	2019年3月第3次印刷
电 话	总 编 室：0551-62903038	开 本	710毫米×1000毫米 1/16
	市场营销部：0551-62903198	印 张	13 字 数 200千字
网 址	www.hfutpress.com.cn	印 刷	河北锐文印刷有限公司
E-mail	hfutpress@163.com	发 行	全国新华书店

ISBN 978-7-5650-3746-7　　　　定价：38.00元

序

赵 焰

一直以为，中国传统文化的精髓，从时间上说，是在明朝之前的。明朝之前，占据社会主流的，是清明理性的孔孟之道。崇尚自然、游离社会的道学，作为主流思想的补充，与儒学一起“相辅相成”、“一阴一阳”，使得社会主流思想具有强大活力。从总体上来说，中国文化的源头，无论是周公、老子、孔子，还是后来的诸子百家，比如说孟子、荀子、庄子、韩非子、墨子等等，都对人生保持清醒、冷静的理性态度，保持孔子学说实践理性的基本精神，即对待人生、社会的积极进取精神；服从理性的清醒态度；重实用轻思辨、重人事轻鬼神的思维模式；善于协调，讲究秩序，在人伦日用中保持满足和平衡的生活习惯……中国文化的源头如此，决定了汉民族的心理结构和精神走向，包括汉民族理想追求、文化风格以及审美倾向。

中国文化在明朝之前，占据社会主流的，是高蹈的士大夫精神。最显著的表现在于：遵从天地人伦之间的道德，有高远的理想，讲究人格的修炼，反对人生世俗化，鄙视犬儒的人格特征。比如说孔子，从他的言语来看，更像是倡导一种人生价值观，追求人生的美学意义。又比如说庄子，他的学说，不像是哲学，更像是一种生活美学：道是无情却有情，看似说了很多超脱、冷酷的话，实际上透露出对于生命、本真的眷恋和爱护，要求对整体人生采取审美观照态度，不计功利是非，忘乎物我、主客、人己，以达到安详和宁静，让自我与整个宇宙合为一体。这种贯穿着士大夫精神的人生价值观，让人忘怀得失摆脱利害，超越种种庸俗无聊的现实计较和生活束缚，或高举远慕，或怡然自适，或回归自然，在前进和后退中获得生活的力量和生命的意趣。这就是中国历代士大夫知识分子一以贯之的艺术清洁精神。英国大哲学家罗素曾经说："在艺术上，他们（中国人）追求精美，在生活上，他们追求情理。"这是说到关键了。

中国人的生活哲学就是如此，一方面高旷而幽远，另一方面也连着"地气"，是自发的浪漫主义和自发的经典主义的结合。道家是中国人思想的浪漫派，儒家是思想的经典派。当东汉年间佛教传入之后，这种以出世和解脱为目的的宗教体系遭到了儒学和道教的抵抗，从而消解了印度佛教中很多寡凉的成分。经过"中庸之道"的过滤，其中极端的成分得到了淡化，避免了理论或实践上的过火行为。也因此，一种中国特色的佛教观产生了，佛教在中国更多变身为"生活禅"，变成一种热爱生活创造人生的方式。中国人一方面避免了极端的"出世"之路，另一方面，由于心灵的滋养、美智的开发，使得东汉魏晋，包括后来的南北朝、隋唐、五代十国以及唐宋元产生了很多高妙的艺术，"艺术人生"的观念也随之如植物一样葳蕤生长。可以说，这些朝代，是中国最具审美价值、最开人们心智、也最出艺术珍品的年代。也因此，很多艺术种类都在这个阶段达到了高峰，比如说唐诗、宋词、元曲、书法、绘画、音乐、舞蹈等等，它们洋溢着一种高蹈的精神追求，境界高远，洁净空旷，如清风明月，如古松苍翠。从审美上看，由于存有或明或暗的观照，存有人格与事物的交融，主题得到了提升，感悟与生命同在，境界与天地相齐，一种深远的"禅意"油然而生……从总体境界上来看，这一阶段的各类艺术形式，达到了各自的高峰。它们是最能代表中国文化精髓的。

中国的艺术精神到了明清之后，有低矮化的倾向。明清以后，由于社会形态的变化，专制制度进一步严酷；加上统治者出身和教育的局限，以及愚民政策的目的，整体文化和审美呈低俗化的倾向，社会和人生的自由度越来越窄，艺术的想象空间越来越逼仄，艺术作品的精神高度下降。随着"程朱理学"和科举制度的推行，人们的想象力、创造力被扼制，审美弱化，艺术更趋"侏儒化"、"弱智化"。大众普罗的喜好抬头，刚正不阿的风骨软化，崇尚自由、自然、提升的审美精神也在丧失。不过尽管如此，在明清时代的中晚期，那种崇尚自然、物我两忘的高贵精神仍时有抬头，一批有着真正艺术精神的独立艺术作品或有出

现。尽管如此，士大夫精神已不是艺术美和生活美的主旋律，它只是一种空谷幽兰的生命绝响。

近现代之后，由于社会动荡，战乱连连，再加上西方现代化所导致的实用主义、功利主义的渗入，中国的文学艺术遭到了进一步摧残，传统的艺术精神更进一步沉沦。艺术的政治化倾向、实用主义倾向和世俗主义倾向抬头，这直接导致了真正的艺术精神缺失，艺术的品位下降，高蹈精神向世俗俯首，自然和自由变身为功利和实用，士大夫精神更是变身为犬儒主义。中国近现代上百年的屈辱和战乱，更使得中国自古以来高洁的审美观变得扭曲和肤浅：黄钟大吕变成田野俚语，布衣青衫变成了披红挂绿，古琴琵琶变成了锣鼓鞭炮，洁身自好变成了争相取宠，安详宁静变成喧哗骚动，幽默风趣变成庸俗不堪……如果说是与非，美与丑是人类最基本标准的话，那么，很长一段时间里，这种基本标准都在丧失，很多人已分辨不了是与非，也分辨不了美与丑。“文革”时期八个脸谱化的样板戏在左右着中国人的全部精神生活，这样的现象，又何尝不令人扼腕叹息！

如果说中国当代教育存在着诸多问题的话，那么，以我的理解，当代教育最大的失败，甚至不是传统丢失、精神扭曲以及弱智低能，而是在美育上的缺失。这一点，只要观察我们周围的人们，就可以得出这样的结论——在我们的周围，到处都是对于生活没有感觉，对于美丑没有鉴别的人。他们所拥有的，只是功利，只是物质，只是金钱，只是对美丑的弱智的鉴别和判断。这些人不仅仅是一些教育低下的人，甚至，一些貌似受过良好教育的人也是这样——他们虽然拥有很高的学历，有很好的教育背景，但在美丑的辨别力，以及对于艺术、心灵的觉察力、感悟力和理解力上，同样表现得能力低下、缺乏常识。这样的现象，实际上是我们多年以来的教育缺乏美育，缺乏精神导向的结果。一个人的审美，是与道德和智慧联系在一起的，审美的缺失，实际上也是道德和智慧的缺失。一个对美缺乏判断力的人，很容易在人生中缺乏动力和方向，也很容易被民族主义、法西斯主义、极端主义、工业主义所奴役，成为过度现代化的牺牲品。在很多时候，这种人不可能是一个丰富的生命，只是一架精神匮乏的机器。

现在，这一套由合肥工业大学出版社精心组织的“最美中国丛书”，似乎在某种程度上，弥补了一些“寻根”和美育上的缺失。该丛书旨在“重建中国优美形象，重构华夏诗意生活”，通过对古代思想、伦理道德、文学艺术、风景民俗、器物发明等的重新梳理，重新发现中国特有的美，倾情向世人推介这种美，以期真正的美得到传承。这套书知识精准，图文并茂，力求童趣与大美的融合，悦目和感人的统一。对于正在成长的青少年来说，这一套书，应是一个不错的选择，最起码它可以让人知道，什么是中国的最美，什么是中国真正的美。继第一辑十本书受到业界、读者的广泛好评之后，合肥工业大学出版社又趁势推出第二辑“物华灼灼”和第三辑“文质彬彬”，加在一起又有 20 本，这两辑丛书在第一辑相对比较宏大叙事的基础上，着力聚焦中华文化的细节之美，视角更为开阔，叙述更为细腻。无疑是值得期待的。

上个世纪初，北京大学校长蔡元培先生曾经提出过著名的“五育并举”教育方针，“五育”为：军国民教育、实利主义教育、公民道德教育、世界观教育、美感教育。其中，美感教育尤其有特色，蔡先生还以“以美育代宗教”的口号闻名于世。在蔡元培看来，美育是宗教的初级阶段，对于没有宗教传统的中国人来说，美育教育是一种基础，并且相对宗教，美育更安全，更普及，也更为人接受。通过美育，可以培育出道德是非的基础，培育出向上的力量。虽然蔡元培的这一观点引起过一番争论，但对于一个人来说，有美的熏陶，有对于美丑的正确判断，怎么都不能说是一件坏事。并且，美与是非，与善恶，与道德，与人类的心灵，与这个世界的根本，是联系在一起的。以对美的判断和感知为出发点，了解中国历史，了解中国文化，了解中国人曾经的艺术生活，了解一个民族的内心世界；从而进一步了解世界，了解世界的规律，与身边的一切做到和谐相处，都是大有好处的。

也许，这套书的意义就在于此。

【目录】

最美中国

第一部分 馨

丝游天际
——潍坊盛名 …………………………………………………………… (002)
二月春风似
——剪刀手张小泉 ……………………………………………………… (005)
花样年华
——旗袍 ………………………………………………………………… (009)
铰刀下的花朵
——天津剪纸 …………………………………………………………… (013)
年年有你岁岁亲
——年画连到杨柳青 …………………………………………………… (017)
玉不琢不成器
——陆子冈治玉 ………………………………………………………… (021)
玲珑世界见乾坤
——南北微雕 …………………………………………………………… (024)
四石同堂
——地球最早的原住民 ………………………………………………… (028)
民族民权民生
——中山装 ……………………………………………………………… (032)

风云晋商
——大盛魁 …… (036)
竹在远山有近邻
——竹编工艺瓷 …… (041)
再世华佗
——云南白药 …… (045)
飞越一千零一夜
——西域的温暖 …… (049)

第二部分 香

蒸蒸日上 秘制秘方
——狗不理 …… (054)
横行天下少了一横
——全聚德 …… (058)
齿齿生香
——“豆氏”三姐妹 …… (062)
这样“酱”菜
——六必居 …… (066)
“月”然纸上
——中秋时节月芬芳 …… (070)
唇“茶”天下
——陆机的茶 …… (074)
过桥有心意
——爱的真滋味 …… (078)
天朝上品
——茅台酒 …… (082)
六位一体
——绍兴女儿红 …… (086)
斯文的夹心
——茯苓饼 …… (090)

第三部分 如

一鸣惊人
——双响炮 …………………………………………………… (094)
刺客帝国
——中国刺绣 ………………………………………………… (099)
藏者无疆
——多宝阁 …………………………………………………… (103)
富贵土，壶中求
——宜兴紫砂壶 ……………………………………………… (106)
善制嵌漆
——江千里螺钿 ……………………………………………… (109)
点滴有神
——景泰蓝 …………………………………………………… (113)
好鞋进军好莱坞
——回力鞋 …………………………………………………… (116)
铜刀为笔
——安顺蜡染 ………………………………………………… (120)
泥魂绕梁
——天津泥人张 ……………………………………………… (124)
甜蜜有心人
——马大吹糖人 ……………………………………………… (127)
刀剑笑
——蒙藏利刃 ………………………………………………… (131)
时间王国的太空舞蹈
——飞亚达钟表 ……………………………………………… (135)
众里寻它千百度
——洛阳宫灯 ………………………………………………… (139)

第四部分 故

八世纪文明之光
——黄氏“雕龙手” ………………………………………… (144)

烈火有情
——唐三彩 …………………………………………………………（147）
心扉两端
——闲话屏风 ………………………………………………………（151）
君不见　斜相念
——八仙桌 …………………………………………………………（155）
最美中国红
——醴陵陶瓷 ………………………………………………………（158）
“笔”触心魂
——李渡毛笔 ………………………………………………………（162）
近墨者香
——方于鲁和徽墨 …………………………………………………（166）
近宣者“纸”
——纸寿千年 ………………………………………………………（169）
山水修砚
——四大名砚 ………………………………………………………（174）
铜言童语
——一座城市的“铜牌” …………………………………………（178）
轮子上的骄傲
——红旗飘飘 ………………………………………………………（182）
打开国门
——洋务第一局 ……………………………………………………（186）
中国西点
——黄埔军校 ………………………………………………………（190）
开明的力量
——开明书店 ………………………………………………………（194）

（因本书部分图片未及向摄影者申请授权，祈盼宽谅；恳请有关作者见书后与我社联系，以便奉寄稿酬及样书。）

第一部分 馨

最美中國

小时候，它是一种声音，一种记忆，躺在心房的一角，陌生而耐咀嚼；

长大后，它是一种影像，一种姿态，带着文明的骄傲，温暖我们的记忆。

丝游天际

——潍坊盛名

一头连着天
一头连着地
在风中踏浪
一头连着春
一头连着夏
做快乐的风信子

说起潍坊风筝的起源，可以追溯到中国古代的飞天梦想。

中国最早的人类飞天故事“嫦娥奔月”，就产生于今天的潍坊一带，后来，又有很多关于飞天的故事和传说，像家喻户晓的八仙过海，封神演义中会飞的雷震子等，都发生在潍坊所处的山东半岛一带。

正是这些飞天的愿望，对风筝的产生起到了很大的促进作用。

这些愿望经潍坊人民的美化增减，化作一只只纸鸢，变成了一只只形态各异的飞天艺术品。

潍坊至今流传着这样一个传说，嫘女当年养蚕，为了驱赶鸟雀，则以篾为骨，以树叶为干，做成鸟雀的天敌鹞鹰的形状，然后用丝牵引，借地气升腾将“鹞鹰”送上天空。这便是最早的风筝。

有史记载的风筝同样出现在潍坊。史书记载，墨翟曾做“木鹞”，其实就是木制的风筝。

目前风筝界将此“木鹞”作为中国最早的风筝。墨翟所居住的鲁山就在今天潍坊青州一带。

传说，汉朝大将韩信也是从潍坊得到的风筝技艺，将风筝的功用发扬光大，用于军事和测距。从现有的史料分析，风筝最早最有影响的传播人物正是韩信。

他在西汉初年，将风筝从潍坊一带带到了南通，让南通成为风筝的第二个故乡。后来西域之路开通，风筝顺着这条文化交流之路，传向西域或更远的地方。

将风筝用到军事的还有南北朝时的梁朝。南朝的梁武帝被叛乱部队围困时，内外断绝，有人献计制作纸鸢，把皇帝诏令系在其中，当时太子简文在太极殿外，趁西北风施放向外求援，不幸的是，这个举动被叛

军发觉，一箭射落，不久台城即遭攻陷，梁朝从此衰微灭亡。

梁朝灭亡错不在风筝，不过，风筝确实要了五代时齐宣帝的性命。

正所谓，有人用风筝来求救，有人用风筝来娱乐。五代时，齐宣帝将天牢里的死囚绑在风筝上，让他们以风筝为翅，从高台上飞下，供皇家娱乐。如果这些死囚完成了皇帝的心愿，罪刑可以获得赦免。

如此玩物丧志、惨无人道的帝王，必将不得善终。

风筝救不了一个王朝，却可以成就一朝名作。

北宋末年画家张择端的《清明上河图》是当时社会生活的真实记录，其中就有很多放风筝的场景。张择端从小生活在潍坊，对家乡的风筝非常了解，因此能自然地在画中表现出来，借以衬托画中的节气和时令，这是目前中国最早的风筝实物依据，也是潍坊风筝史上最早的风筝实物依据。

到了后来，我国清代大文学家曹雪芹，他在风筝制作和研究方面造诣颇深，并编写了《南鹞北鸢考工志》一书，书中对风筝的扎、糊、画、放等技法和工艺一一详述，图文并茂，水平极高。由他创始的曹氏风筝已成为北京传统风筝最典型的代表作品，其实，曹氏风筝与潍坊风筝有很大的承袭关系。仔细辨别，可以发现它是在潍坊风筝基调上的变奏。

风筝，人类最早的飞行器，而潍坊，则是名贯古今的“飞行基地”吧。

二月春风似

——剪刀手张小泉

两个小孩一般高，你动刀来我动刀，不吃凡间俗米，只吃绸缎布纱，咬一口，走一步，它的名字叫剪刀。

剪刀作为日常生活用品，在中国的历史悠久。这从唐代诗人贺知章《咏柳》诗句便可看出："不知细叶谁裁出，二月春风似剪刀。"民间源远流长的剪纸艺术，也从侧面证明了剪刀在中国的悠久历史。

古人很有意思，将剪刀又称为"龙刀"，这也许是受象形字的启发，因为，汉字"剪"的象形意思就是"刀前还有一把刀"，颇有飞龙的架势。

西方人认为，剪刀是达·芬奇发明的，不能说他们瞎掰，但达·芬奇的时代顶多也就和中国元代平行而已。而中国的剪刀，自春秋就已经出现。

不过，不得不承认一点，中国的剪刀虽然历史悠久，倒确实是明朝时才开始创出了自己的品牌。

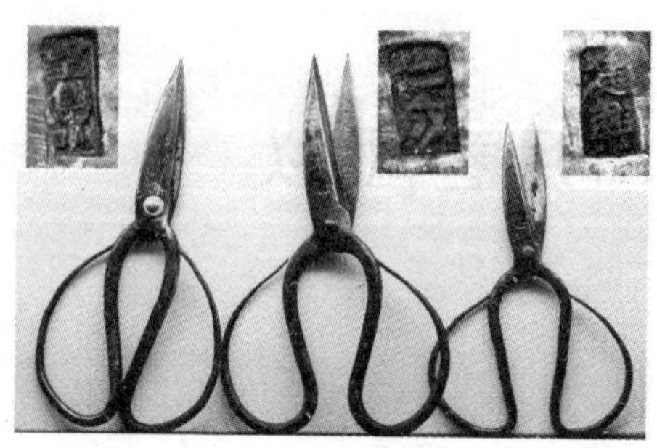

明朝末年，有一个汉子，以制剪刀为业。经过反复琢磨，终于创制出嵌钢制剪的新技术。他选用闻名天下的“龙泉”钢为原料，制成的剪刀，镶钢均匀，磨工精细，刀口锋利，开闭自如，因而名噪一时。一些专业艺人如裁缝、锡匠、花匠等，都慕名前来定制剪刀。这个人的名字叫张小泉。

传说张小泉自幼机灵过人，肯用心学习，他爸又只有这一个儿子，尽心把祖传的手艺教给他。所以没几年工夫，张小泉不但学会了祖传的手艺，还在熔、铸、锻、打、磨各方面琢磨，想了许多新方法，打铁的本领比他爸高出一头。他铸的犁尖，耕起田来又深又快；他打的锄头，锄起地来又轻又巧；从他那儿买的菜刀，剁骨头也不会卷口。

张小泉不仅手艺出众而且很有商业眼光，他创出的精品剪刀，就是

用自己的名字来命名的。

俗话说，酒香还怕巷子深，没有噱头的品牌难以深入人心。于是，张小泉独具慧眼地给自己策划了一个传奇故事。

传说，杭州大井巷里有口大井，井水很深，也很清凉，大街小巷家家户户都吃这口井里的水。有一天清晨，大家都来挑水，吊起水一看，黑漆漆的，像烂泥浆，臭味直冲鼻子。

老人说：大井直通钱塘江，钱塘江上游有两条乌蛇，隔一些年就会钻到这口清凉的大井里交尾下蛋。乌蛇嘴里吐出毒涎，就把井水弄得像烂泥汤一样。要制伏它，只有下井去杀了它们！

但是这口水井深不见底，就算里面没有毒蛇，也没有人敢下去呀！大家你望望我，我望你，急得火烧火燎。

张小泉听说这事，带了儿子也挤进人群里来看个究竟。他皱起眉头，想了一会，拉住一个街坊说：“拜托你到酒店买两坛老酒来！”又拖牢一位邻居说：“麻烦你到药铺买两斤雄黄来！”街坊邻居不知道他要做什么，就照着他的话把老酒和雄黄买来了。他又回过头去，朝大儿子吆喝道：“快回家去拿我的大锤！”等他儿子拿了回来，张小泉就把两斤雄黄倒进两坛老酒里，顺手捧起一坛，“咕嘟咕嘟”一口气喝干了。接着，解开纽扣，脱下衣裳，露出紫红色的胸膛，鼓鼓突突的肌肉。又捧起另一坛酒，往自己头顶上一倒，哗啦一声，雄黄酒从他头顶直淋到脚跟。随即拿起大锤，扑通一声，跳进井里。

张小泉跳进井里后，只觉得身子呼呼地往下沉，沉呀沉呀，好一会儿才沉到井底。他睁开眼睛一看，嗨，井底里宽阔得很哩！他朝东找找，没发现什么；朝西寻寻，也没有发现什么。一直走到北面尽头，才看见暗角里有两条漆黑发亮的乌蛇，盘绕在那里。张小泉眼明手快，不等两条乌蛇分开，挥起大锤，“咣！咣！咣”一连三锤，锤锤砸在两条乌蛇相交着的“七寸”上，把两条乌蛇的颈脖子砸得扁扁的，粘到一块了。张小泉砸死了乌蛇，便一手提着大锤，一手拎着蛇尾，屏住气，慢慢地泅出水面来。

张小泉爬出井口，将两条乌蛇往地上一摔，咣当一声，可把人们吓了一大跳。张小泉把两条死蛇拖回家里，看看又想想，想想又看看，看了三天，思了三夜，在纸上画出一个图样来。父子四人照着图样，在蛇颈相交的地方安上一枚钉子，把蛇尾巴弯过来做成把手，又将蛇颈上面的一段敲扁，磨得飞快。这样，就打造出一把很大的剪刀来……

这个传说把剪刀的历史推迟了数千年，显然不靠谱，但确实是张小泉将中国剪刀发扬光大的。

张小泉剪刀的名气后来越传越大，销路也越来越广，便成了闻名全国的杭州特产。张小泉死了以后，他的三个儿子各立门户，三家铁匠铺都用“张小泉剪刀”的招牌。张小泉还收过不少徒弟，徒弟们也都挂起这个招牌来。儿子传儿子，徒弟传徒弟，杭州的“张小泉剪刀”店也就越来越多，数也数不清了。还有一些人钻空子，冒充张小泉的子孙或者徒弟，也挂同样的招牌。所以到后来，杭州的刀剪铺挂的都是清一色的“张小泉剪刀”店的招牌了。

花样年华

——旗袍

你是否还记得
那怦然心动的一瞬
像在夜里燃起了五彩的烟火
绽放成心头最美的花海
你是否还记得
那行走在红毯上的记忆
像春花般绚烂
凝结成手中最美的星星

旗袍，在中国女子心中的地位，正如日本的和服、韩国的高丽传统服装一样，无可替代。旗袍是中国女子的身体和灵魂伴侣，演绎了中国女子的美丽人生。

1920年代末，旗袍进入鼎盛时期。当宋庆龄穿着碎花型的棉袍出现在阅兵观礼台之后，上海广告画上的女子，也开始展示旗袍的曼妙风姿。于是，名媛名太纷纷效仿，穿着旗袍出入社交场合。

到了30年代，旗袍的制作工艺更加精细，有了衣缘上的细细花边，也有了开衩。如果你看见了阮玲玉、周璇那一代影星，从十里洋场里袅袅走来，旗袍的细致，会将女性的风姿演绎得淋漓尽致。

张曼玉主演的《花样年华》，背景正是1930年代的上海。一名冷香端凝的女子，从头到尾被23件花团锦簇的旗袍密密实实地包裹着，在美艳之下紧箍着情感，耐人寻味……

旗袍，原是指旗人所穿的袍子，其实就是从清朝的服装发展而来。后来受到西方的影响，将原本平板的旗袍改良，出现了腰身，慢慢变成了今天的样子。

从1920年代至40年代末，中国旗袍风行了20多年，款式几经变化，如领子的高低、袖子的短长、开衩的高矮，使旗袍彻底摆脱了老式样，改变了中国妇女长期来束胸裹臂的旧貌，让女性体态充分显现出来，正适合当时的风尚，为女性解放立了一功。

值得一提的是，当时作为领导服装潮流的十里洋场中有一个云裳时装公司，对旗袍的推广起到了巨大贡献。

自30年代起，旗袍几乎成了中国妇女的标准服装，民间妇女、学生、工人、达官显贵的太太，无不穿着。旗袍甚至成了交际场合和外交活动的礼服。后来，旗袍还传至国外，为他国女子效仿穿着。电影《年华花样》上映后，全球更是刮起一股“旗袍热”。连一向以挑剔、高品位著称的好莱坞巨星妮可·基德曼也不能免俗。伊人就是以一袭改良的印花旗袍惊艳戛纳，谋杀记者不少菲林。

在东方元素备受国际时尚界瞩目的今天，旗袍的命运得以改变，它不像其他文化遗产一样会被送进博物馆，而是成为了走在潮流尖端的顶级时装设计师与潮流人士的挚爱。就像时尚教母可可·夏奈尔说过的，“时尚易逝，风格永存”，旗袍的历史让它在与时尚为伍时，永远都是那么的高高在上。

有意思的是，它的最佳代言人并非T台上闪亮的“麻豆”（模特），而是被冠以“旗袍第一夫人”的宋美龄，而宋庆龄对于旗袍的喜爱也不亚于其妹，这两位当年的“第一夫人”成为旗袍的代言姐妹花。

宋美龄自幼留学美国，所以生活方式也非常洋派，回国后还一直保持西式饮食习惯，牛排、色拉、面包等美味都是她每日必备食品。但这位蒋夫人的穿着却是十足的中国味道，在宋美龄的衣柜里，清一色全是旗袍。

宋美龄喜欢旗袍的原因在于旗袍最能凸显东方女性的魅力，加上她自己拥有的窈窕身材，配以旗袍更能展示她的身姿。此外，也与她热爱中国传统文化有关。她爱国画，曾拜张大千、黄宾虹等泰斗为师，耳濡目染加上勤学苦练，居然成为一位国画高手，国画中仕女的穿着接近于旗袍。有一年，台湾“荣总”医院给蒋介石的士林官邸派来一位女护士，这位女护士喜欢穿超短裙，宋美龄和蒋介石见了都感到很别扭，宋美龄就让人换了护士。正是因为受传统文化长期熏染，宋美龄从不穿暴露的服饰，甚至也反对女性穿长裤。她认为女性应该有与男性截然不同的服饰特点，所以在她漫长的一生中，几乎没有穿长裤的画面。即使在她步入百岁之龄，依然与旗袍为伴。

与宋美龄要好的一些国民党政要的女眷，在重大节日里，都会不约而同给她送来一些高级布料作为礼品，这使宋美龄的寓所有永远也用不完的高级旗袍料子，也让她的“御用裁缝”有永远做不完的旗袍。为她制作旗袍的专用裁缝名叫张瑞香，原在南京开店，因为手艺高超、工作敬业而被宋美龄看中，成为她的专职旗袍师傅。由于宋美龄“胃口”太大，张瑞香一年忙到头，几乎无时无刻不在为宋美龄工作，平均每两三天就要制出一件旗袍。

宋美龄的旗袍到底有多少件，是个“天文数字”，恐怕她自己也说不清楚。

宋庆龄的旗袍或许没有宋美龄那么多，但却相当精致，曾于2008年4月在上海美术馆展出。宋庆龄不仅自己对旗袍喜爱有加，更是对身边的朋友慷慨相赠，她曾将自己的旗袍赠予《西行漫记》的作者斯诺的朋友波莉，让她在演讲时穿着。

后来，斯诺夫妇到达菲律宾继续为中国筹款，波莉又将旗袍转送给了斯诺夫妇。1998年3月17日，58年后，这件漂亮的旗袍从美国回归中国，终于回到了北京后海北沿46号“宋庆龄故居”。

铰刀下的花朵

——天津剪纸

筐花、盆花、鞋样花，喜花、礼花、雕刻花，百花开在俺手下，小纸拿到俺手里，俺想铰啥就铰啥；铰到家家生活好，铰的人间美如画。

剪纸与民谣犹如一母同胞的姐妹，在创作者手中会变成一首歌一个故事，所以说：剪纸是中国人无言的歌谣。

纸发明于东汉的蔡伦时代，在此之前是不可能有剪纸艺术出现的，但人们运用薄片材料，通过镂空雕刻技法制成的工艺品，却早在未出现纸时就已流行，即以雕、镂、剔、刻、剪的技法在金箔、皮革、绢帛，甚至在树叶上剪刻纹样。

我国最早的剪纸作品，是在新疆吐鲁番盆地的墓群中发现的，是两张团花剪纸。因为西北地区天干少雨，气候干燥，纸张不易霉烂，所以得以保存很久。

说起来，中国的剪纸并非一个地区的特色，在全国共有 45 个剪纸传承地，横穿南北。南方剪纸温柔婉约，细腻繁复；北方剪纸粗犷大胆，淳厚朴实。虽然大家都在剪纸，但是动的脑筋可不尽相同。

因为北方剪纸的作者大多来自农村，所以他们的作品题材大部是取材自生活，如喂鸡、养猪、回娘家、抱胖娃娃，有的直接表现身边的动植物，如鸡、鸭、鹅，梅、兰、竹等等。

喜欢动点脑筋的手工者还会采用谐音和会意的表现手法。比如花公鸡，就在公鸡身上刻几朵花；梅花鹿，就在鹿身上刻几朵梅花；刻上莲花和鲤鱼就寓意“年年有余”，这里以莲谐“年”，以鱼谐“余”。

或者表示一个概念，使人产生联想。如桃子象征长寿、石榴象征多子、鸳鸯象征爱情、松树象征长青不老、牡丹象征富贵、喜鹊登梅象征喜事临门……再比如：刻上一朵云彩，就表示是天空，刻上一朵雪花，就表示是冬天下雪了。

南方的手工者则不同，除了这些日常生活，他们更偏爱民间流传的神话和戏剧故事。他们会用剪纸的形式，来表达自己对这些故事中的人物的爱与憎。

比如越剧之乡的江浙一带，民间剪纸在题材上大部分取材于当地流传的“梁山伯与祝英台”“白蛇传”“红楼梦”“西厢记”等故事的情节。

剪纸工艺的好坏鉴别起来其实并不难。

剪纸艺术很重要的一个特点是“透光”，这是剪纸的实用需要。尤其是“窗花”更要求如此，否则，一幅黑团团的剪纸贴在窗户上把室外的光线全给挡住了，既不透光，也不美观。其次才是装饰作用。构图对称，美观大方，造型夸张，兼顾影廓的优美，就是一幅赏心悦目的好作品。

如果一定要给中国剪纸排一个最美排行榜，我觉得，首当其冲的当属天津剪纸。

天津剪纸既不同于江南剪纸纤细秀丽的精工刻剪，也有别于北方剪纸的淳朴、豪放、粗犷有力。而是更偏重于写实，人物比例匀称，线和面的衔接过渡比较柔和，并借鉴和吸收了年画、瓷器、木雕等艺术中的图案设计方法，以求得饱满丰盛的艺术效果。

目前，天津剪纸除少数艺人保留传统手工剪纸外，绝大多数的剪纸艺人已从民间通俗剪纸发展成为艺术创作的阶段。

如剪纸艺人佟慧珍，她可以在方寸大小的纸上，不用绘稿，也不勾勒，全凭平日对各种民间舞蹈的记忆，就可剪出一个个优美而妩媚的舞姿剪影来。

天津的刻纸也很有名。刻纸是在剪纸基础上发展而来的。旧时，刻纸的图案稿是用熏稿的方法制出，即将图稿拨在白纸上，然后反扣在煤油灯上熏烤后，将图稿取下，白纸就留有被烟熏的痕迹，黑白分明。刻纸时，先将熏好的图稿与所刻的纸，用纸捻将四周固定，再用各种不同的刻刀，将图稿上一处处熏黑的部位一一刻去，这幅刻纸作品就完成了。现在制图稿的方法很多，可用喷色法或手拓法，最先进的是用复印机来取稿。

如今的刻纸图案内容，除传统图案外，大多数剪纸艺人都是根据古典小说、戏剧、神话等内容搞一些艺术创作；再有就是根据社会时事新闻为内容的创作。其创作的形式有单张的，也有成组成套的。

目前，蓟县、宝坻都有不少十分活跃的剪纸能手。天津还成立了全国性的中国剪纸学会组织，有国内外会员 300 多人，推动了中国剪纸的艺术创作和发展。

年年有你岁岁亲

——年画连到杨柳青

门神画，人头大，骑小马，人分仨。
狮子鼻，四方口，手拿兵器把门守。
杏仁眼，柳叶眉，樱桃小嘴鼓堆堆。
……

年画，是中国画的一种，始于古代的“门神画”。清朝道光年间，正式称为年画，它是我国特有的一种绘画体裁。在一个又一个新春佳节来临之际，为之助兴。

中国地域辽阔民族众多，民俗民风丰富多彩，千差万别的语言和习俗，对不同地区的年画风格影响极大。

各地对年画的称谓也是南辕北辙，北京叫“画片”“卫画”，苏州叫“画张”，浙江叫“花纸”，福建叫“神符”，四川叫“斗方”……不一而足，直到清朝道光年间，文人李光庭在文章中写到：“扫舍之后，便贴年画，稚子之戏耳。”年画由此定名。

不过，最具品牌效应的年画当属湖南滩头、山东杨家埠、河北武强、天津杨柳青四个地方。它们的年画不光历史悠久、技艺出众，并且在内容上逐步演变出众多故事情节。

譬如，湖南滩头年画《秦琼尉迟敬德》，讲的是唐朝时太宗有一段时间情绪低落，常感觉卧室门外有人抛砖弄瓦，鬼哭狼嚎，闹得三宫六院彻夜不得安宁。太宗胆怯，将事情的原委告诉了群臣。秦琼听后上奏说：臣一生杀人无数，尸体多如聚蚁，还怕那些怪物不成？我愿意与尉迟敬德披挂戎装，伺候在太宗左右。太宗准了秦琼的上奏，当夜果然平静无事，太宗大喜，嘉奖二人。

想到二人无法长期守夜不睡觉，太宗叫来画工为二人画像，一如二人平日里穿军装的怒容，然后将画像分别悬挂于左右宫门上，自此，鬼怪销声匿迹。后人一代代传承这种做法，秦琼、尉迟敬德便永久成为年画上的门神。

山东潍坊杨家埠年画《五子夺魁》，说的是五代时期，燕山窦禹钧年过三十还没有孩子。一夜，梦见祖父告诉他：你不仅没有孩子，也很难长寿，要想改变这种命运，就必须遵循天命积德行善。禹钧于是努力节俭修身行善，陆续有了5个孩子，个个都有成就。一夜又在梦中遇见祖父，祖父告诉他：你多年节俭积德，将延长寿命36年，你的孩子们也会发迹。禹钧活到82岁无疾而终。

河北武强年画《回荆州》为中国古典名著《三国演义》中的一段

故事。说的是刘备偕孙夫人回荆州，行至柴桑界首被东吴徐盛、丁奉二将拦阻，刘备依照孔明的妙计，用话激怒孙夫人斥退二将。

江苏苏州桃花坞年画《花果山美猴王开操》取材于中国古典名著《西游记》。孙悟空打死白骨精后，唐僧听信了猪八戒的谗言，将孙悟空赶回了花果山。孙悟空回到花果山水帘洞，聚集群猴分序排班，操练武艺。年画《花果山美猴王开操》即为群猴开操的画面。

天津杨柳青年画《破冲霄楼》为《忠烈侠义传》中的故事。宋仁宗年间，襄阳王阴谋篡位，建冲霄楼并设下铜网阵。颜查散、白玉堂奉旨到襄阳巡视，襄阳王派邓车、申虎偷盗颜查散的印信时被白玉堂生擒。白玉堂查明实情后夜入冲霄楼陷入铜网阵，被乱箭射死。卢方等人得知情况后誓为白玉堂报仇，欧阳春、卢方、魏真、韩章等人来到冲霄楼共破铜网阵。

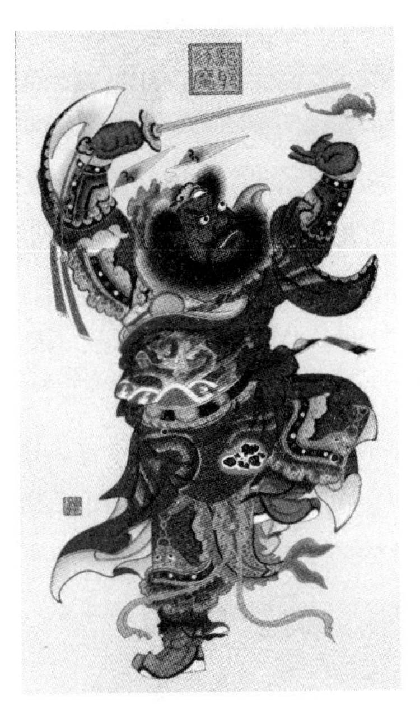

这四家年画难分伯仲，但就历史来说，天津杨柳青年画终究是长者，也是最长寿的。

有着600年历史的杨柳青年画产生于元末明初，当时有一名长于雕刻的民间艺人避难来到杨柳青镇，逢年过节就刻些门神、灶王售卖，镇上的人争相模仿。到了明朝永乐年间，大运河重新疏通，南方精致的纸张、水彩运到了杨柳青，使这里的绘画艺术得到发展。

现今所知最早的画店为戴莲增、齐健隆两家，他们最初可能都是画工，以人名代店名。戴莲增画店的历史最早可上溯至明代崇祯年间，后来，戴、齐两家系统又分为很多画店。

杨柳青年画为什么能够长寿，因为杨柳青的画工赋予年画更多吉祥有趣的意思，在民间广为流传。

譬如，杨柳青的“虎”是年画中最常见的镇宅之兽，因为古时认为“虎为阳物，百兽之长也，能执缚挫锐，噬食鬼魅”。而鸡同样是镇宅吉物，古人认为黑暗是鬼魅藏身之处，日出而啼的金鸡成为调和阴阳、驱逐鬼魅的神物，并与“吉”谐音。

鹿与“禄”同音，寓意财富。羊，与“祥”字通用，大吉羊即为大吉祥，用羊作装饰的图案中就有吉利、祥瑞的意义。鹌鹑的“鹌”与“安”同音，寓意平安。象为佛教中的神兽，在年画中多以儿童骑象的形象出现，骑象与“吉祥”谐音。蜘蛛，又称喜蛛，年画中若有蜘蛛挂丝从天垂落的图案，意为喜从天降。民间视鹤为长寿之寓，有“鹤寿”之说，年画中以“仙鹤”和“寿桃”构成吉祥图案，寓意延年益寿。

鱼与“余”同音，比喻生活富裕，到年节之时，家境殷实有余。

菊花不畏秋霜，品格高贵，被赋予了吉祥、长寿的含义。与松树组合为“益寿延年”等图案。

牡丹：因其端丽妩媚，雍容华贵，被视为富贵、昌盛、幸福的象征。

葫芦：与“福禄”同音，内又多籽，被作为富贵多子的象征。

风筝：风筝是春天应时之物，寓意平步青云或者春风得意。

……

细数起来，非常有趣。也许正是画工赋予杨柳青年画旺盛的生命力和丰富的文化含量，杨柳青年画才得以艺术长青吧。

玉不琢不成器

——陆子冈治玉

摘一片，金黄的梧桐叶，秋天——被我夹进书里；捧一只，好大的冬瓜，秋天——被我抱在怀里；吃一串，酸甜的葡萄，秋天——被我塞在嘴里；拾一串，丰收的童谣，秋天——被我牵在手里……

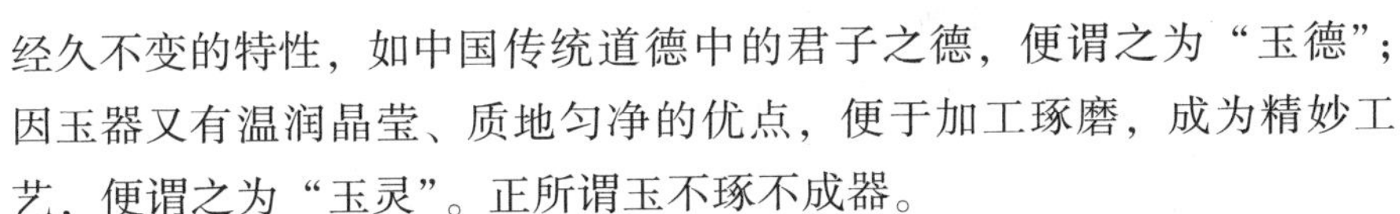

这是一个关于丰收的童谣，勾起人很多美好的记忆。

也许，人们对自己喜爱的东西往往赋予它们一种人格化的灵性，譬如许多爱玉的人，就赋予美玉一些象征性的美誉。

因为玉器有坚韧、耐磨蚀、经久不变的特性，如中国传统道德中的君子之德，便谓之为“玉德”；因玉器又有温润晶莹、质地匀净的优点，便于加工琢磨，成为精妙工艺，便谓之为“玉灵”。正所谓玉不琢不成器。

中国玉石文化可追溯到新石器时代，殷商琢玉已有佳技。但自古以来，琢玉工艺集大成者当属陆子冈。

陆子冈，明代著名玉雕匠，从小心灵手巧，喜爱雕刻。

明代的手工业管理非常严格，有着森严的等级划分。尤其嘉靖、万历年间，琢玉工匠身份卑微，但陆了冈却是 个例外。

众多文人雅士放下恃才傲物姿态将陆子冈视为上宾，对“子冈玉”不遗余力赞美。可见陆子冈声名之盛。

陆子冈琢玉非常讲究，在选料上不仅贵精而崇尚适用，所用玉料大都是新疆玉，少量为白玉。刻玉之人，都知道玉质越佳往往硬度越高，

雕刻的难度也越大。

但陆子冈对硬玉情有独钟，因为他独创一把精工刻刀，取名“吾昆”，且秘不示人，操刀的技艺也秘不传人，所以，子冈的雕刻技艺至今仍属绝技，难以仿效。

陆子岗制作玉器时对玉料反复研究，根据玉料天然状态决定取舍，然后从艺术创作的角度赋予玉石活的灵魂。

陆子冈熟练运用玉器的立雕、镂雕、剔地阳纹、浅浮雕和阴阳刻纹等传统琢玉技法，线条流畅，琢磨工细，古雅有致，所琢发簪、壶杯、水注、水丞、洗印盒、香炉、尊、觥等，无不规整清雅。陆子冈把功力融会贯通于一物，创制刀雕刻使作品更加纤巧，所雕水仙簪花叶肥厚，玲珑奇巧显出花之娇态，花托下茎枝细如毫发而不断，至今为玉雕匠人称道，大文人张岱给出“上下百年无敌手”的结论。

玉牌子是古人经常佩挂的一种垂佩饰件，它在明清时期极为风行，尤其以陆子冈琢刻的玉牌子最为盛名，至今仍被藏家誉为“子冈牌”而珍藏。陆子冈用玉的平面牌块作为载体，以浅浮雕和线刻作画，以剔地阳文或阴刻写诗，玉牌一面刻诗文，另一面刻画，轻镂细刻，清新淡雅，诗文画面融为一体，犹如书写作画时的布局，玉雕界无人出其右。他所制成的融合文人画之美的玉牌很快风靡明清两代，直到现在还是许多玉雕艺人喜爱的创作形式。

传说，明穆宗朱载垕得知陆子冈技艺精湛，故意给他出难题，命他在一枚小小的玉扳指上雕百俊图。弹丸之地，十骏尚显拥挤，何况百骏？

然而陆子冈竟仅用几天时间在玉扳指上刻出万马奔腾的浩浩景象，营造出百骏入城的恢弘气势。

作品在重峦叠嶂的远景下，一匹马已驰骋入城，一匹正向城门疾驰，而最后一匹则刚刚在山谷中露出马头，仅仅只雕三匹马却给人以藏有马匹无数奔腾欲出之感，以虚拟手法表达百骏之意。陆子冈在美玉上刻出刚中柔骨，于方寸间雕出无限时空，正是匠心独具。

由于潜心钻研雕刻，以及多年的琢玉实践中，陆子冈练就了一手绝技。凡其所制玉器，均富有变化，方圆扁平，意之所到，即能成器。他还大胆创新，将过去传统的“沙碾法”改革成“刀刻法”，使雕刻技艺达到了高超精美的程度。陆子冈制作了许多精美玉器，成为士大夫和收藏家的偏爱之物。往往一簪之微，其价高达五六十金。其中有不少传入宫中，成为帝王玩赏之物。当时，他的名气很大，可与士大夫抗衡。

陆子冈对艺术的追求极其严谨，现代人很难以图画来分辨新月与残月，而陆子冈“凡刻一新月，必上弦而偏右；刻一晓月，必下弦而偏左”，新月的弦（直边）一定是朝左上方，残月（晓月）的弦一定朝右下方，这和现代科学道理完全一致，可见其严谨程度。

陆子冈传世作品主要收藏在北京故宫、首都博物馆、上海博物馆、天津艺术博物馆、台湾等地，著名的作品有茶晶梅花花插、青玉山水人物纹方盒、青玉婴戏纹执壶等，传世还有一柄白玉扇股，陆子冈雕刻唐寅山水画更被称为绝品。

相传陆子冈的结局很悲惨。当时皇帝命他做一套玉壶，并严令其不得署名，但是几十年后，人们在绝难发现的壶嘴内部还是找到了极为巧妙的隐蔽起来的“子冈”二字。据传，因为这事遭人告发，陆子冈竟被判“犯逆”罪处死，让人唏嘘不已。

玲珑世界见乾坤

——南北微雕

起稿要在作品外，修改只能重头来。功在刀外，成竹在胸，意在刀前，刀随心动。

瞧，英国艺术家威兰德借助显微镜，用刀片在米粒、沙子和糖粒上雕出人物造型，微雕技艺闻名世界。

但是，微雕的源头和集大成者却是在中国。

在中国传统文化的艺苑中，微雕称得上是一朵奇葩。它萌于一万八千年前的远古，始于三千多年前的西周，见于春秋战国两汉，兴于明，盛于清与民国，繁荣于当代，文脉清晰可寻。

早在一万八千年前，山顶洞人在工艺加工上开始运用钻孔、刮削、磨光、刻纹等技术，制造出长约八厘米的骨针，针身圆滑，针尖细锐，针眼狭小不足一毫米，具备了初期的微雕工具形态，为微雕艺术打下了原始的基础。

后来，民间艺人在米粒大小的象牙片、竹片或数毫米的头发丝上进行雕刻，要用放大镜或显微镜方能观看到镂刻的内容，所以被历代称为“绝技”。

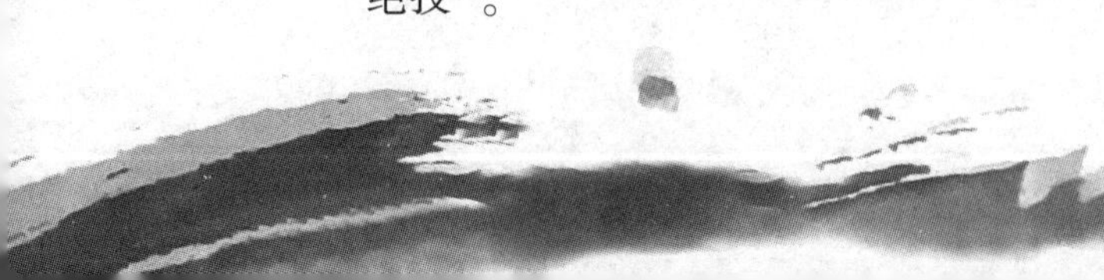

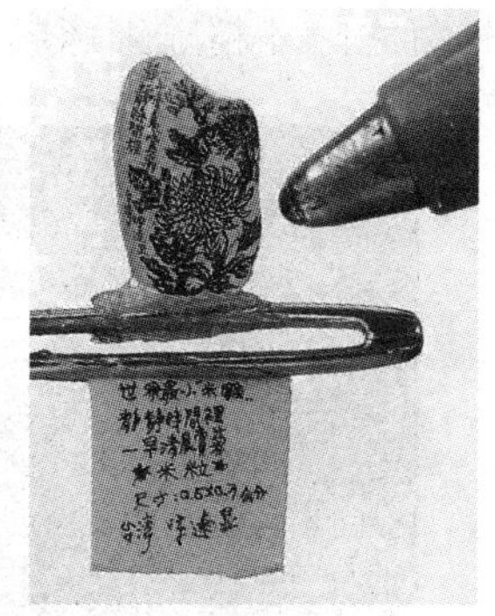

微雕施工面积极小，没有相当高的书法功底和熟练运用微雕工具的技能是难以完成的，且刻作时，要屏息静气，神思集中，一丝不苟。众所周知的王叔远的《刻舟》，也是中国历史上微雕艺术的经典之作。

宋代出现了高不盈寸的立体微雕，明代海禁开启，促进了“犀象之器”雕刻的发展。发展至清朝末年，终于出现了“南于北吴”的微雕派别：江南著名象牙微雕艺术家于硕，擅长“盲刻法”，全凭手感运刀，意在刀先，随心所欲。

指甲盖大小的面积上能刻写百余汉字，在比大米粒还小的象牙上写有 30 个汉字，在 20 倍的放大镜下，所有的雕刻都惟妙惟肖，栩栩如生——于硕将这不可思议的一切变成了可能。古人盛赞他“方寸之中，能刻万字；至阔扇骨，可刻三十行……其最小字，以大十余倍显微镜照之，犹不能见”。

微雕是怎么刻出来的？一般人刻字需用放大镜时，于硕刻微雕用肉眼，从不用放大镜或显微镜，全凭灵敏的感觉运刀，全靠娴熟的经验创作。微雕艺术不仅要具备绘画、书法、金石以及雕刻的基础，更需坚韧不拔的毅力。那不是简单的刀刻，而是用意念在雕琢，凝神屏气、气定神闲之间，脑力、心力、手力三力结合方可创作出佳作来。为了分毫不差地将原作表现在象牙微粒之上，于硕都是当一切烂熟于心之时，才动刀雕琢。创作过程中，但凡心情烦躁，神不汇聚之时，绝不强求，待心定神凝之际才精雕细琢起来。

清代“南于北吴”的另一个人——江北微雕艺术家吴南愚，“能于五分方圆之象牙面上，刻字千余，具有帖气，非用放大镜不可辨识，不知其何以为之，是殆所谓鬼斧神工也”。他的技法同样被传得神乎其神。

人们给吴南愚送了一个雅号：“微雕三绝”。

哪“三绝”？字小，画美，造型精。

微雕不能仅仅理解为小，小只是最基本的一个方面。在微雕工艺者眼里，微雕是一种边缘艺术，其精华不仅仅在于小，更在于其艺术性。字画不好，或者工艺不好者仍不能称之为艺术品。

微雕艺术绝不以小而媚俗，小要小得恰到好处，品质及艺术美感才是微雕真正的精要所在。这一点吴南愚做到了极致。

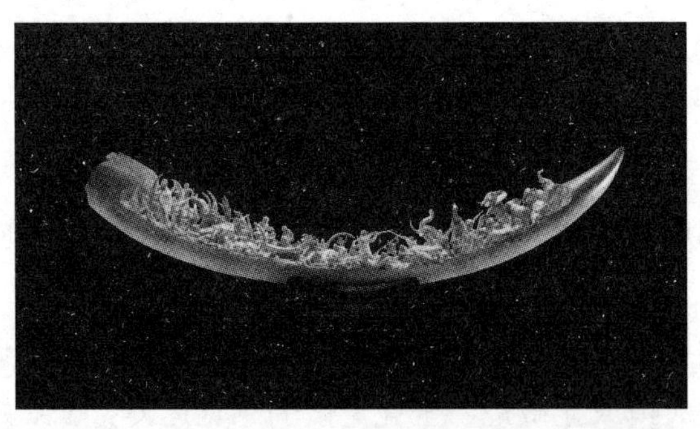

吴南愚本名吴岳，扬州江都仙女庙镇人，出身于书香门第，父亲仲容是当地著名书法家。叔父亦精汉碑、行楷，曾在上海卖字为生。吴南愚奇就奇在从小对治印领悟能力特强，《江都县志》这样写他：幼从家学，稍长，学徒于扬州某银楼，非所愿也。性喜雕刻，每伫立教场刻字铺前观艺人刻印，久而忘返。有钱辄购刀石，暇则磨石提刀，人皆笑其

痴……

辛亥革命击碎了众多读书人的仕途梦。吴南愚的父亲吴仲容很快转身，先后在北京劝业场、绒线胡同开设缥湘馆美术社，以鬻书卖画治印为生。正值弱冠之年的吴南愚来到父亲身边，除了挂单接印，闲来就从父亲学书画及古文。天资聪颖加上勤学苦练，使他打下了坚实的艺术功底。

当他见到前辈于硕的微刻作品后，羡慕不已，引起学习的愿望。虽是同乡，但求教无门，原来，于硕不收学生，唯一的学生是女婿陈景异。

没有老师的引导，吴南愚试着用各种刀具针钻在象牙板上磨炼刻画，针折指穿，血染牙板仍不间断，历经数月，终获成功。

稍后，他在扑克大小的牙板上刻一万八千多字《论语》全文，轰动京城。《蕉窗话扇》说他“刻象牙称神技，与于硕齐名”。

他没学过西洋素描，但为段祺瑞母亲在牙板上刻的肖像黑白分明，层次丰富，立体感极强，极具素描规范。这也是他的出奇之处。

他又在象牙上刻浮雕，《八仙贺寿》就是象牙浮雕，作品人物造型生动，雕刻精细。须知这也是他自己琢磨出来的。他还将微刻法引入石章边款，刻诗词名篇，开创了金石微刻这一艺术门类。北京、南京的名流、权贵纷纷收藏他的作品。

一南一北两奇人，让微雕技艺成了中国民间百艺的又一品牌。

四石同堂

——地球最早的原住民

石头
在夏天
无边无际的热风
它躺在河床上
想念水
想念月亮
想念家的岸边
想念绿草中的牛羊
想念……

石头才是地球上最早的“居民”，地球自诞生以来，经历了 45 亿多年漫长而复杂的演变，其实就是原住民石头的进化过程。

人类和其他一切生物都生活在由石头组成的“硬”地壳上，这是我们赖以生存的“立锥之地”。

在中国几千年历史中，造就了一种奇特的文化形态——“赏石文化”。这种文化，始于商周，盛于秦汉唐宋，并在唐宋年间传入日本、朝鲜等地，近代东南亚、南美和欧洲也开始盛行。

一块奇石到底值多少钱？懂石的人会告诉你：百万元不算贵，千万元不稀奇，上亿元才是天造神物、奇货可居。

中国的奇石收藏从1980年代中期兴起，短短20年的时间，价格便创造了从两位数飙升到9位数的“世界奇迹”。

自古以来的赏石文化中，灵璧石、太湖石、英石、昆仑石这四种石头被尊为四大名石，很受器重，其原因不仅因为它们的形象美，也由于它们的某些特性备受世人喜爱。

提起昆仑石，即使是地理知识再少的人，似乎也能一下子说出是在新疆南部。昆仑山是中国古代文明的摇篮。女娲就是采昆仑的五彩石补天。

漂亮的昆仑彩石，学名为“叶蜡石”，产于青海省湟中县丹麻乡，故名“丹麻彩石”，颜色由白、黄褐、红褐、紫、橙等组成，局部呈微透明或半透明，色泽淡雅柔和，花纹自然流畅，层次错落有致，花纹有的似潺潺流水，有的似惊涛骇浪，有的似奇峰云天，有的似日出灿烂朝霞，神采各异，是很好的观赏奇石。

丹麻彩石质地腊润，硬度为4度，分为两大类：一类为“冻石”，石质较软，通称“软玉”，有润滑之感。颜色有雪白色、乳白色、乳黄色、褐色和紫色等，最适合雕刻小型的工艺品。另一类为“雪花石”，呈白色，因石内含雪花状的花纹而得名。

灵璧石 76x36x32cm

对于昆仑彩石，不需要知道它的前生今世，只知道它是穿越了2亿6千万年的时空，披着美丽的容颜、惊艳地展现在我们面前，就已经足够。

其实，每一种石头都以自己的独有的特征名扬天下。太湖石以通灵剔透，著称于世；英石以雄奇峻峭，坚韧刚毅扬名；而受到文人雅士珍爱的首推灵璧石。

由于灵璧石叩之有声，且声音清润、悠扬、悦耳，因此灵璧石为音乐文化的发展奠定了基础。当时黄帝让一个叫伶伦与垂的人制造磬和钟。战国的时候，灵璧石更是被做成64件一组的打击乐器——石磬，至今声音洪亮，美妙动听。

隋朝隋文帝所爱的一种灵璧石，名曰“卧虎石”，现存放在陕西法门寺内。自唐朝开始，文人雅士将体积较小的石头搬入书斋欣赏，“园无石不秀，斋无石不雅”就从此而来。供石还作为珍品进贡给皇帝，后来有三位艺术修养较高同时也是对灵璧石特别爱好的皇帝，分别是南唐后主李煜、北宋最有艺术气质的皇帝宋徽宗，以及清朝的乾隆皇帝。乾隆皇帝下江南，因灵璧石为历代赞誉美石，为能一睹灵璧石的风采，特改道灵璧。

民国年间，灵璧艺人精心设计制作了一只特大的镂花石磬，镌刻了《总理遗嘱》的全文，敬奉中山陵。

无石不成山，无奇石难成名山，无灵璧石难成名殿。由于皇家贵族、文人雅士把灵璧石视作灵种异物，所以有名的宫殿、庙堂寺院都放置有灵璧石，如北京故宫的御花园就放有不少灵璧石，其中假山正面有一块两米多高的灵璧石，十分显眼，遂初堂上的四块石头也是灵璧石。

北京的宁寿宫倦勤斋有四块配有须弥座的石头，同样是灵璧石。

北京中山公园的社稷坛西门外土山之侧有一块灵璧石，这块名为“芙蓉石”的灵璧石又称“德寿石”，是乾隆皇帝从杭州运回北京置于圆明园内的，后建中山公园才被运去的，称得上是传世之宝。据考证，上海豫园松江醉白池的五老峰中放置的一块石头也是灵璧石。另外，陕西法门寺门前放置的一块灵璧石乃是隋文帝的爱石，开封大相国寺放置的一块灵璧石，北面还刻有“北宋艮岳遗石”。山东淄博蒲松龄纪念馆内的一块石头名曰“海岳石”，为米芾藏石，也是灵璧石。

关于灵璧石的传说更是不胜枚举，据传，苏东坡至灵璧在一张姓园中发现一块石头。非常高兴，欣然题字“东坡居士醉中观此石醒酒”，后来这块石头被命名为“醒酒石”。

杨贵妃爱听磬石歌；蒲松龄写鬼也爱灵璧石；乾隆下江南途经灵璧，得到一块灵璧石让其心动，当即题写“天下第一名石”……关于灵璧石的传说，无不让人迷醉。

如果石头有魂，也会放声歌唱吧。

民族民权民生

——中山装

无数双眼睛聚汇一点
凝固
然后是火山一样的喷焰
那是力啊
是勇敢
是耀眼的呈现

全世界唐人街最抢眼的也许不是中国式的固定招牌，而是可以移动的唐装唐服。但是，君不知，此“唐装”早已不是彼“唐装”。

说白了，现在我们看到的“唐装”其实是由清代的马褂演变而来的，其款式结构有四大特点：一是立领，上衣前中心开口，立式领型；二是连袖，即袖子和衣服整体没有接缝，以平面裁剪为主；三是对襟，也可以是斜襟；四是直角扣，即盘扣，扣子由纽结和纽袢两部分组成。从面料来说，则主要使用织锦缎面料。显然这种“唐装”并不是唐代的服装。

或许它可以代表一种杂混的传统服装文化，但却不能代表目标明确、与时俱进的中国男装气质。

服装大变革是孙中山民主革命的一个重要组成部分，其最重要的成果是中山装的创制。

中山装的产生有一个孕育的过程，19 世纪末 20 世纪初，在西风东渐中，挟带而来了“西服东渐”。

西服，形成于 18 世纪中叶，经 19 世纪完善之后，于 19 世纪末、20 世纪初向世界各地传播。传到日本，明治维新催生了一代新装，例如学生装、铁路工人装、士官服；传到中国，便孕育了服装变革风潮。首先觉悟的人们，纷纷高调亮相，各自语出惊人，大做服饰文章。改良派主将康有为猛击封建专制、呼吁变法维新，在文章和给光绪帝的奏疏中，一再要求“断发易服”，“非易其衣服不能易人心”。

戊戌变法开始后，最简单明确的标准就是——是否是变法者，先从衣服上看。但是，以康有为为代表的改良派反专制，却不反皇上，而且请求皇上站出来带头“换衣服”。最终“康党”变成了“复辟的祖师”。

然而，变革的大潮终究到来了，革命党人风生水起，屹立潮头，肩负起改政体、易服制的历史使命。

孙中山从少年时代起，便立下了“尽易旧装”“化民成俗”“振兴中华”的高远志向。

1895 年广州起义夭折后流亡日本，他壮志犹坚，自称“采取了一个重大步骤”：脱掉旧袍，换上新装。考察日本欧美亚非各地，在筹划暴力革命之同时，也谋构着服饰大变革。

正在这时，中国新式裁缝群体“红帮”裁缝应运而生了。他们和革命党人一拍即合，奏响了服装大变革的序曲。如果说孙中山是服装大变革的首创者、总设计师的话，那么红帮便是总施工队、主力军。

他们共同谋划，经过10年左右时间先后制作了四五款新装。

经过集思广益，不断完善，终于定型，并迅速传播开来，这就是后来人们普遍穿着的中山装。

服饰大变革有多项成果，诸如西服的引进并民族化，旗袍、长袍的推陈出新等，但主旋律是中山装。中山装虽然是由“博采西制”，但灵魂和文化内涵则完全是中华民族的。

口说无凭，标志为证：

一、立翻领。看服装，首先要看领子、袖子，故有“领袖”一词，立翻领在服装史上是独特的，它既不同于西服的大开领，也不同日本学生装的单立领，仅此，它就和近现代西方、东方的新服装鲜明地区别开来了。这种立翻领可根据不同场合，开合两便，显示了灵活的新风尚。

二、前襟对襟，正中上下笔直对开，犹如中轴线，左右襟对称。这种心理上、物理上的同形同构，体现了中国文化传统审美特色，让人产生稳重、整齐、安适的审美愉悦感。后襟为一整片，中间不分剖，体现了统一、完整的理念。

三、直筒式袖子。既不同于古代的宽袖，也不同于清朝的箭袖，不但灵便、适体，而且有美体作用。袖口下的3粒纽扣意蕴犹深，体现了孙中山创立的三民主义理论，把民族独立、民主政权、民生幸福作为革命的纲领，称为“三大主义”。

四、前襟上的5粒纽扣，则寓有“五族共和”“五权宪法”之意。

五、前襟上的4个口袋，则有提倡士农工商职业平等、重视礼义廉耻四维文明之意。

六、前襟上边两只口袋的袋盖设计成笔架型，体现了孙中山重视知识分子的思想。

这6项文化标志，表明中山装是中国的。它是具有旺盛生命力的，曾被尊为“国服”。它不但在我国，而且在国际上也产生很大影响，被列为“影响世纪的十大服装”之一。

1950年代两个著名的国际会议——日内瓦会议、万隆会议上，周恩来总理率中国代表团出席，全体成员一律穿着红帮裁缝精心制作的中山装，他们的亮相，形成一道亮眼风景线，各国媒体纷纷报道，图文并茂，大力渲染。

1956年春，上海20多家红帮名店集体迁往首都北京，经过筹划，成立了北京红都服装店，并有几位高手进入中南海，为党和国家领导同志制装。红帮名师王庭淼和红帮传人田阿桐都成为中山装专家，他们由此酝酿了一次中山装的大创新。

1956年8月的一天午夜，田师傅被领进毛主席的书房，他用红帮数十年来积累的绝技目测毛主席的各项尺寸后，潜心研究了毛主席的伟人气质、风度、个性，综合起来，以中山装为母本，积极加以创新：领型，加大加长，形成新型尖领，领口增开到46厘米；袖笼提高一点；前襟宽一些；后襟稍长一点；中腰稍凹一点；下面两个口袋大一些……

试制之后，毛主席穿上时，在场的同志都认为很好。此后，毛主席一直爱穿这款创新中山装，于是成为一款中山装新经典。天安门城楼上的毛主席像中的服装，就是画家根据这款服装绘制的。

风云晋商

——大盛魁

大漠变沧海
驼队变巨轮
一路航行
一路追随山西魂
义利两千各一千
诚信为本路八方

夕阳的余晖洒在大漠的商道上，一队神秘的行者带着疲惫的微笑。驼马大队的驼铃声，带着朝阳的露水像一支流动的乐队，带回远方的祝福。

这支队伍打着一个旗号——大盛魁。

大盛魁商号是中国商业的一枝奇葩，它的一举一动可以影响半个中国。

这也是清代山西人开办的对蒙古贸易的最大商号，极盛时有员工六七千人，商队骆驼近2万头，活动地区远及俄国的西伯利亚、莫斯科等地，其资本十分雄厚，声称其资产可用50两重的银元宝，铺一条从库伦到北京的道路。

大盛魁的创办人并不是什么富户大商，而是三个小贩。清康熙时，清政府在平定准噶尔部噶尔丹的叛乱中，由于军队深入漠北，缺水少粮，于是允许商人随军贸易。

在随军贸易的商人中，有三个肩挑小贩，即山西太谷县的王相卿和祁县的史大学、张杰。他们三人虽然资本少，业务不大，但买卖公道，服务周到，生意十分兴隆。清兵击溃噶尔丹军后，主力部队移驻大青山。这三人便开了个商号，称吉盛堂，康熙末年改名为大盛魁。

大盛魁商号在初始创立时，其实经营得很不顺利。

背井离乡、除夕之夜，也只能凑合着熬锅小米汤过年。呼啸的西北风卷着雪片一阵阵地扑向透风的门窗。大盛魁的创始人就紧紧地围坐在一个小火炉跟前，聊着惨淡的生意，每个人都满腹愁绪。就在他们把稀粥刚端在手里准备喝时，突然传来了“咚咚咚”的敲门声。

张杰起身打开门，看到一个头戴皮帽、身穿蒙古袍、背着一个大包裹的圆脸老汉。他们三人见是过路的客人，就热情地接待起来，让老人坐在火炉旁，把自己仅有的一罐米汤让给老汉喝。老汉烤了烤火，很快喝完了米汤，之后说还要出去办点事，把包裹先放他们这里，说完就推门走了。

他们三人将包裹妥善地保存起来。但奇怪的是，这个老汉再也没有回来拿包裹。他们也问了来来往往的各路人等，都说没见过这样的老汉。一年后，他们三人决定打开那个重重的包裹看看，没想到里面是白花花的银两。三人一惊，赶紧把包裹按原样包好，放到一个安全隐秘的地方，等老汉来取。之后又托了很多人打听此人下落，均无消息。又过去了几年，他们三人郑重商量后，决定暂时借用老汉留下的银子作为商号周转资本，扩大经营规模。令三人没有想到的是，商号生意从此变得十分兴盛，盈利翻了几番，老汉的银两本金也早已回笼了。此时，王相卿、史大学、张杰这三位大盛魁商号的创始人，已经成为远近闻名的老板。

又到了过年，他们吃着年夜饭时十分感慨，都认为是财神爷帮助他们渡过了难关，在商号最困难的时候给他们送来起运的资本，那位奇怪的老汉一定就是财神爷变化的，于是三个人决定设立一只独立的股份，名“财神股”。他们在全商号宣布，以财神股所分红利记入“万金帐”(旧时商号开业时，设立的底账)，任何人不得动用，专项存储，作护本之用。此外，为了不忘创业初始的艰辛，掌柜们规定每年的正月初一，商号里所有人要喝一顿小米汤来纪念和警示。

继大掌柜王相卿、张杰之后，执掌大盛魁商号的为秦钺，他最大的贡献是创立了“财股”，保证了大盛魁商号的良性循环。秦钺 15 岁起进大盛魁当学徒，凭着吃苦耐劳和精明强干，一步步做到大掌柜位置，是他使大盛魁获得了清朝当时最高级别的经商许可证，即盖有乾隆皇帝玉玺的、可在蒙古草原经商的营业执照——“龙票”。

除此之外，他极大地扩展了大盛魁的“印票”业务范围，包括地域范围和经营范围。特别是在经营范围方面，把“印票”业务的对象，从对牧民供应日用百货，扩展到了对官员、王公、军队的供应，把年销售额从 10 万两做到了 200 万两，把商号资产从 10 万增加到了 100 万元。秦钺带领下的大盛魁商号进入了鼎盛时期。

鉴于他对大盛魁的重大贡献，其他掌柜们建议，把他的“身股”升格为“永远身股”，就是说他的子子孙孙能够永远继承下去并参与分红的世袭“身股”。在此之前，只有三位创始人，有这样的资格。

但是，秦钺认为：这样做就会成为一项不成文号规，今后每个大掌柜的“身股”都可能“依例”成为“永远身股”，参与永久分红的越来越多，总有一天会挤占在任掌柜、号伙的分红份额，大盛魁就会出现麻烦！

“没有规矩，不成方圆”。于是秦钺做出了一个决定：将王相卿、张杰和史大学三人的各一股“永远身股”转为各一股“财股”，另外再给王相卿半股“永远身股”。从今往后，大盛魁再也不得给任何人设立“永远身股”，即使是作出重大贡献的大掌柜——包括他自己。秦钺的这个创举，牺牲了自己和子孙的利益，却保证了大盛魁发展机制的健康平稳。

大盛魁的领袖睿智豁达，大盛魁的伙计忠肝义胆，就连大盛魁的狗也肝胆相照。

据说有一次，大盛魁分号一位经理带着几条狗出门联系业务，途中遭遇恶劣天气，不仅迷了路，水囊也丢了，最后干渴中暑病倒在茫茫的草原上。他预感到自己情况危急，举起颤巍巍的手向领路犬做了个手势。这只通人性的大狗舔了一下他的手，就以最快速度跑回了分号报信。分号的人马跟着这只狗找到这位奄奄一息的经理，他获救了。

有关大盛魁商号中义犬的故事还有很多，商号里从上到下都认为狗通人性，对主人忠诚，对商号有功用，是大盛魁不可缺少的一部分。为了表彰这些义举，大掌柜还设立了“狗股”，规定每条有功之犬的主人可顶一二厘生意参与分红。每养狗到达 1000 条时，还要演台戏热热闹闹地庆祝一番。

义利两千各一千，诚信为本路八方，这也许就是大盛魁长盛不衰的秘密吧。

竹在远山有近邻

——竹编工艺瓷

小时青青腹中空
长大头发蓬蓬松
姐姐撑船不离它
哥哥钓鱼拿手中

在中国，有一种植物历来得到人们的偏爱。在神话传说中，它是隐凤栖鸾的祥瑞、湘妃泪眸的别愁；在文人雅士眼里，它是金谷梁园中的美景、笔墨丹青下的高节；而在百姓的日常生活中，这种植物也被广泛运用，化身为寒江垂钓的渔家乐、青简朱文的学子书……

它就是竹子，承载了数千年来中国人的情感。竹了还被心灵手巧的中国工匠们做成了竹雕、竹编等各种艺术品，而在竹编艺术品中，有一种工艺非常特别，它制作时每100斤原竹只能抽丝8两，其价值同银子相当。这便是在1915年巴拿马世博会上被誉为“东方艺术之花”的竹丝瓷胎。

竹丝瓷胎和世博会的故事起源于竹乡四川，这个故事的主人公正是从这里走出。

竹丝瓷胎是一门原汁原味的民间“草根”艺术。在清道光同治年间，四川崇州府诞生了一个杰出的竹编艺人，他就是张国正。

张国正自幼酷爱竹编，有着扎实的崇州民间竹编艺术基本功。在张国正手中，竹篾被越划越薄，竹丝也越劈越细，器具编织得越来越精致。

但这种追求精致的做法却使得竹丝细得没有了骨力，难以自我成形。如何既保留自己在竹编工艺上精致的特点，又兼顾器物的实用性，对于手艺出众的张国正来说，并不是件难事。一种新的设想在他脑海中产生：把同样具有雅致、细腻特点的瓷器或者漆器，和竹子结合在一起。

“异想天开”的灵感却成就了一种新的艺术品。张国正使用瓷器、漆器等作为底胎，让竹编依附在底胎上。从那以后，竹编技艺从无胎成形进入了有胎依附的新阶段，竹丝瓷胎的前身——有胎竹编诞生了。

细竹编的出现，特别是有胎竹编的出现，使竹编从单纯的实用进入到实用与观赏相结合的新境界，步入了工艺美术的行列。张国正的创新得到了人们的认可和喜爱，即便是生活在九重宫阙中的最高统治者和天朝贵胄们，也对有胎竹编情有独钟。张国正制作的漆胎饭盒、烟盒、帽筒等被作为贡品呈进了宫中，因为进贡有功，这位民间艺人被御赐为“五品军工”。

不仅仅在中国，在千里之外的异国他乡，张国正的作品仍然光彩夺目。1915 年，巴拿马世博会在美国旧金山举行，张国正制作的竹丝瓷胎花瓶在这一届世博上获得了银质奖，并赢得了“东方艺术之花”的美誉。消息传回成都，人们街谈巷议，从此成为一段佳话。

作为竹丝瓷胎的创始人，张国正自然希望自己创造的技艺能够继续传承发展下去，于是，培养接班人成为必然。

光绪年间，四川道台周孝怀在劝业局下设立细篾科，他聘请张国正担任教师，招收学生，讲授有胎竹编技艺。

到了民国年间，张国正的弟子们都已成名。他的弟子如肖天龙、刘福兴等人相继在成都开设店铺、从事竹编工艺。后来，刘福兴也收起了弟子。

竹编产品一度销势看好。当时，刘福兴的徒弟林绍清还给在成都的美军官兵编织过玻璃酒瓶。

然而，好景不长，战祸不断使整个中国一片萧条。掌握竹丝瓷胎技艺的老艺人们死的死，改行的改行，整个瓷胎竹编行业竟只剩下林绍清一人还在苦苦支撑。到了 1940 年代后期，就连林绍清也倍感心有余而力不足，由于无法维持生计，他只得关掉铺子，回到广汉老家，编竹的巧手拿起锄头重新干起了繁重的农活。

创作了数十年的老手艺要轻言放弃又谈何容易。空暇时间，林绍清仍断断续续编了一些作品，送到城里的山货店，让过去相熟的老板帮着销售。这样的艰难状况一直维持到成都解放以后，这期间竹丝瓷胎工艺险些因战火消亡。

新中国成立后，林绍清终于能够重新拾起竹丝瓷胎的技艺。

1954 年，为了给全国的民间工艺展览组织展品，林绍清送了几件竹编作品去参展，结果大受欢迎。于是，林绍清又被请回了成都，参加到工艺美术生产小组中，重新开展了瓷胎竹编工艺品的生产，濒于失传的传统手工艺品也终于获得新生。

不久之后，成都竹丝工艺厂成立了，这是一家专业生产竹丝瓷胎工艺品的工厂，工厂招收和调入了不少年轻人。在林绍清的传授下，这些年轻人学习到了正宗的竹丝瓷胎技艺，逐渐制作出了越来越多、越来越好的产品。

今天，竹丝瓷胎已发展为四川特色，成为与金银花丝、漆器、蜀绣并列的四川传统手工艺“四大名旦”。竹丝瓷胎不仅名扬四海，还畅销东南亚、英国、日本、意大利、荷兰、加拿大、美国等地区和国家。这门经历了百年风雨的传统技艺，仍然在散发着它迷人的光彩。

再世华佗

——云南白药

头戴马聚源
身披瑞蚨祥
脚踏内联升
腰缠“四大恒”
也不如
再世华佗
伴身边

这里的“再世华佗”并非某位圣手神医，而是一剂绝密的配方。

1938 年 3 月，中国军队取得了台儿庄战役的胜利。在中方军队的阵营里，一支来自云南的部队让人惊讶。他们头戴法式钢盔、脚踏剪刀口布鞋，作战十分骁勇。他们身上还带有一小瓶白色的粉末。这些战士受了伤，不管伤势如何，只要还能动，就不打绷带、不坐担架，只把这白色的粉末，吃一点，外敷一点，又上阵拼杀。

滇军将士们所用的白色粉末，究竟是什么神奇的东西呢？这就是被称作疗伤圣药的曲焕章万应百宝丹，后来人们又把它叫做云南白药。

在刀光剑影的江湖里，它是侠士们除暴安良的随身必备品；在枪林弹雨的战场上，它是战士们起死回生的救命仙丹。

白药为什么会有如此广泛而独特的治疗效果？又是谁创制出的呢？

在云南省档案馆的地方文史资料中，有这样的介绍：云南白药为云南人曲焕章创制、专门用于伤科治疗的中成药散剂，至今已有一百多年历史，其处方现今仍然是中国政府经济知识产权领域的最高机密。

对于曲焕章其人，资料中也有简单的记载：曲焕章，字星阶，原名曲占恩，1880 年，出生于云南省江川县赵官村。1902 年，曲焕章研制成功云南白药的前身“百宝丹”。

1880 年出生的曲焕章，1902 年就研制出了百宝丹，那时他才年仅 22 岁，如此年轻的一个山村郎中是怎样研制出日后闻名天下的云南白药的呢？

这给老百姓们提供了一个丰富的想象空间。而这些流传于街头巷尾、茶楼酒肆的故事，相对于白药渊源本身来说，似乎显得更为神奇。

传说有一天，曲焕章上山采药，看见两条蛇正在缠斗。过了一会儿，其中一条败退下来。这条气息奄奄的蛇游到一块草地上蠕动了起来。此时，奇迹发生了，不一会儿，蛇身上的伤口变得完好如初。曲焕章等蛇游走后，拿起那草仔细辨认，他认定这草一定有奇效。于是，综合民间传说和自己平时疗伤止血的经验，曲焕章终于创制出了百宝丹。

但 1930 年前后，曲焕章本人曾在报纸上宣扬，说他的百宝丹是受“异人”相传。1956 年的云南日报上登载了曲焕章妻子缪兰英的讲述，也证实了这一点。并肯定这个“异人”就是云南个旧县的姚连钧。

据缪兰英讲述，曲焕章年少时，父母双亡，有一天，16 岁的曲焕章突患重病，倒在了个旧县街头，幸而被姚连钧所救。

姚连钧是一位精通外科药理的游医。随后曲焕章就拜姚连钧为师，并跟随他在云南北部、四川、贵州一带游历。师徒俩一边采集草药，一边四处行医。在姚连钧的悉心教授下，几年下来，曲焕章得到了师傅的全部真传。

在前人和民间药方的基础上，经过不断地实践，1902 年，一种取名为“百宝丹”的伤药被曲焕章研制出来了，这种白色的药末具有很强的消炎止血、活血化淤功能。人们根据其外观把它叫做——白药。

对于白药的渊源，尽管还有争议，但是，曲焕章作为云南白药创制人的身份，已经得到了大多数人的认同。

人的一生，往往由于一个机遇就发生了彻底的改变，但是曲焕章碰到的第一个机遇，却是和一个土匪头子纠结在了一起。

1913 年，云南都督唐继尧，开始派兵清剿云南匪患。有一天，曲焕章在行医途中碰巧救治了一个受伤的人。让他万万没有想到的是，这个伤者，竟然是赫赫有名的滇南大土匪头子吴学显。

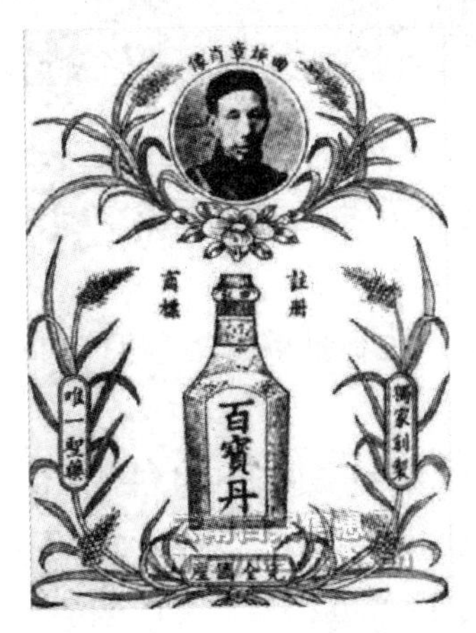

民国十年，军阀顾品珍在云南发动兵变，当时的云南都督唐继尧被迫逃亡香港。第二年，唐继尧重整旗鼓，率部队杀回云南，打算东山再起。为了取得胜利，他以军长的头衔收买了吴学显。吴学显帮助唐继尧回滇主政成功，为报答曲焕章当年的救命之恩，他派人执函到通海，邀请曲焕章迁居到了昆明，并在南强街开设了伤科诊所。吴学显还帮助曲焕章与云南军政建立起牢固的关系。

1937 年，日本发动全面侵华战争，全国人民同仇敌忾，历史不经意间，又把曲焕章推到了前台。

1937 年 9 月 5 日，国民革命军陆军第六十军的 4 万多名将士，在昆明市民的欢送下，开赴抗日前线。这一天，昆明万人空巷，人们走上街头，欢送云南第一支出省抗击日寇的军队。而曲焕章一大早也带领药房的全部伙计来到街上。当部队经过时，向每个人的手中塞上了一瓶曲焕章万应百宝丹。

1938 年初，中国军队取得了台儿庄战役的胜利。六十军与日军中最精锐的部队展开了近一个月的血战，云南子弟以伤亡一万八千多名将士的代价，与友军共同歼灭日军两万多人。

有些伤员负了重伤，拿出自己的白药洒上一点。白药洒上去以后，包扎起来，两天伤口就愈合了。差不多每个人都把白药看成至宝，救命的至宝。

台儿庄一役，不仅打出了滇军的威名，也让曲焕章万应百宝丹声名远扬。

1933 年，曲焕章当选为云南医师中医公会主席。1935 年，蒋介石在云南省政府接见了曲焕章，曲焕章趁此机会送了 500 瓶“三升百宝丹”给蒋介石，蒋介石十分高兴，挥毫写下“功效十全”的题词。

到 1938 年，百宝丹的产量也因抗战的需要创纪录地达到了 40 万瓶！救死扶伤，保家卫国给白药做了最好的“广告宣传”。

飞越一千零一夜

——西域的温暖

宝贝，妈妈带着你一起
穿着红舞鞋
踏上红地毯
做永恒美丽的新娘
披着素净的白纱
请安心地踏在我的身旁

也许每个人都有这样一个美丽的梦，从年少做到年老，从自己做到自己的孩子踩着火红的地毯开启人生新的航标……但并不是每个人都知道，在中国，最好的地毯出自一个极冷和一个极热的地方。

在中国大地上有一片遥远而神秘的雪域圣地——它的名字叫西藏。这里有世界上最高最大的雪山——珠穆朗玛，还有更多的小雪山竞相簇拥；在中国大地上还有一片黄沙漫漫火焰之城——新疆，这里有世界上第二大沙漠——塔克拉玛干。

如果要在这两个地方找出一个交集，人们的目光会落在原住民的手上……

炎热和寒冷的同样造就出一批批勤劳的工匠，他们用手编织出各种美好的“愿望”，用来抵御漫长的“冬”季和“夏”季，精美绝伦的地毯应运而生。

想想吧，特别是暖暖的冬日，或夏日的黄昏，有闲情逸致的原住民，冲上一壶羊奶，在硕大的地毯上做手工，身边围着一群天真烂漫的孩子，真是惬意极了！

西藏高原的羊毛，有毛质粗硬、弹性强的优点，很适合做地毯。藏毯以其独有的品质和文化内涵享誉世界。藏毯最有名的地毯是江孜地毯。江孜地毯已有六百多年的历史，它纺织精密，经久耐用，花纹富有民族传统，颜色鲜艳夺目。

江孜藏毯这一凝结藏族悠久历史和民族特色的手工艺术，融汇着雪域高原千年文化的积淀，以其独特的魅力成为世界民族工艺美术宝藏中的“奇葩”。它已经跻身世界三大地毯之列。

江孜地毯也叫江孜卡垫，面积大于 18 平方尺的称为地毯，小于 18 平方尺的称为卡垫。江孜地毯最早是从岗巴县的嘎西传过来的，后来从江孜又传到全县各地。

江孜是藏毯的重要产地。其中，有一种长约 2 米，宽约 1 米的卡垫，它是藏族人最常用的坐垫和卧垫，也是西藏地方宫廷和寺庙、民居的重要陈设。

卡垫最早源于中印边境的岗巴地方，但毛线粗，花样也少。清朝初年，从岗巴引进卡垫生产，并且将编织技术传给全城居民百姓。从此，编织卡垫成了江孜人独特的职业。早期的卡垫颜色单调，而且没有图案。后来一些聪明的织工，参照中原内地出产的绸缎上的图案花纹，又借鉴壁画、唐卡，设计了如“二龙戏珠”“彩云飞龙”“青龙彩凤”

“花鸟”等具有民族特色的图样，编织技艺也日臻成熟。

从此，江孜卡垫以色泽鲜丽、毯面柔软、手感强烈、图案丰富享誉全藏，甚至不丹、尼泊尔、印度等国。江孜卡垫生产最盛时期，家家户户都在编织，熟练织工多达上千人。很多贵族庄园内均设有规模大小不等的作坊。西藏地方政府也在江孜开设了编织卡垫的专门机构，称为“措巴”，并且委派一位五品官担任总管，下设“乌钦”（总工头）主持织垫事宜，并有4名“措米”（老师傅）为其助手。

从前，“措巴”每年都要派人去拉萨专为达赖喇嘛、摄政和地方政府编织卡垫以及其他羊毛织品。十三世达赖土登嘉措时期，江孜织工索朗多布杰手艺高超，曾为达赖织了双龙靠垫、净水瓶袋等著名织品，被封为五品官。民主改革后，江孜卡垫业在中央政府的关怀下又有了新的发展，所编织的“布达拉宫”“珠穆朗玛”“万里长城”等壁毯和地毯，是享誉国内外的精品。

游牧民族将梦想寄托在毡毯上，而农耕民族则将家园固定在地毯上。

在新疆，他们将自己辛勤栽培的无花果、巴旦木、石榴编织进一张张华丽的地毯，灵感在瞬间凝结成了艺术品，把简朴的家园装扮成宫殿。仿佛包含着深刻的寓意：每个人都可以是自己的国王，主宰自己的命运。

新疆的地毯是姑娘的嫁妆，主妇的骄傲，孩子的游乐场……那一场场欢快也是在地毯上飞旋。随便走进一个维吾尔族老乡家里，你都能看到墙上挂的、地上铺的、炕上垫的，全是一张张艳丽的毯子。

地毯和丝绸曾经是丝绸之路上最迷人的身影，它们在胡椒、胡萝卜、孜然茴香的熏陶下将中原与欧洲连接，让罗马帝国为之疯狂，让中原贵族为之倾倒。

繁华的丝绸之路使千年前的新疆俨然一副国际大都市的派头，汉人、波斯人、粟特人、罗马人来往于丝绸古道。在多元文化的影响下，地毯中开始出现壁龛、希腊神话人物等图案，甚至融入了汉文化的炉、鼎、琴、棋、书、画的内容。

聪明的维吾尔族人还从伊朗、土耳其等国艺术风格中吸取灵感，将小小一张地毯演绎得包罗万象、繁花似锦。

从手织地毯图案的设计、原料的选择到天然的染料、编织的技艺，都有着严格而繁复的工序。而每一个工序的前后，工匠们都会吟诵可兰经寄托他们对未来地毯的主人的深深祝福，同时也赋予每一张手织地毯以力量。

当你站在手织地毯图案的中心，你仿佛也站在了世界的中心、宇宙的中心，连绵不断而富有韵律感的藤蔓图案将那种强大的气场升华环绕着你，那是来自地毯工匠的神秘力量，赋予你无限想象。

五味杂陈、牙祭之美，弥漫着浓浓的中国味……

蒸蒸日上　秘制秘方

——狗不理

包子有肉
不在褶上
肚里有货
不在嘴上

要说中国包子界中最有真才实学的那位，大家会众口一词地提起“狗不理”包子，因为它不光褶子讲究，肚里有货，而且，它从不自夸，大有“桃李不言下自成蹊”的派头。

“狗不理”包子是天津的风味名点。它色白面柔，大小一致，底帮厚薄相同，一咬起来直流油，但又不感肥腻，味道十分鲜美。

它为何有此特色呢？原来它在用料和制作上皆有讲究。具体是用肥瘦鲜猪肉 3∶7 的比例加适量的水，佐以排骨汤或肚汤，加上小磨香油、特制酱油、姜末、葱末、味精等，精心调拌成包子馅料。包子皮用半发面，和面时水温一般要求保持在 15℃ 左右，在搓条、放剂之后，擀成直径为 8.5 厘米左右、薄厚均匀的圆形皮。

包入馅料，用手指精心捏折，同时用力将褶捻开，每个包子有固定的 15 个褶，褶花疏密一致，如白菊花形。然后上炉，用硬气蒸 5 分钟即可。

刚出屉的包子，大小整齐，色白面柔，看上去如薄雾之中的含苞秋菊，爽眼舒心，咬一口，油水汪汪，香而不腻，一直深得大众百姓和各国友人的青睐。

然而，如此富有特色风味的地方小吃，怎么会取“狗不理”这么一个怪名称呢？

传说在清朝的时候，天津附近武清县杨村住着一个少年人，名唤高贵有，他从小性格倔犟，出了名的牛脾气，如果逆了他的性子，九头牛也拉不回来，任何人也不理。这一天，高贵有的牛脾气又发作了，父亲吓他不睬，母亲劝他不理，就是拧着脖子，一声不吭，母亲叹了口气，说道：“你这种牛脾气呀，真是个‘狗不理’啊！”意思是说他脾气坏得连狗也不愿搭理。“狗不理”的绰号，就这样传开了。

转眼间，高贵有长到 14 岁，脾气依然十分暴躁倔犟。父亲害怕他在村子里惹是生非，就托人把他带到了天津，去学点手艺，去找点事做。恰好坐落在天津南运河边上的刘家蒸吃铺需要小伙计，高贵有就被介绍进去。

刘家蒸吃铺主要经营蒸食和肉包，供应那些在运河上讨生活的船工、纤夫以及小商小贩，活计十分繁重。高贵有虽然脾气坏，但从小吃惯了苦，所以干活很勤快，店里的师傅们都很喜欢他。

高贵有人又十分聪明，什么东西一学就像，一学就会，因而店里就专门让他学做包子，由于高贵有勤奋好学，加上师傅们的精心指点，高贵有做包子的手艺不断长进，很快就小有名气了。

三年满师后，高贵有已经精通了做包子的各种手艺，于是就独立出来，自己开办了一家专营包子的小吃铺。由于高贵有手艺好，做事又十分认真，从不掺假，所以做出来的包子特别好吃，名声很快就响了起来，来吃他包子的人越来越多。由于人们喊惯了他的绰号“狗不理”，顺带也就把他做的包子称为“狗不理”包子。没想到这个特别的名称竟使得他的生意更加红火了。

高贵有生意越做越好，就越来越感到“狗不理”的绰号难听，就给自己的店铺取了个雅致的牌号，唤作“德聚号”，这个牌号虽然好听，但人们还是“狗不理”不离口。

有一天，几位外埠客商专程来品尝“狗不理”包子，一进门就问：“老板，这儿是‘狗不理’吗？”高贵有一听，立刻恼火起来，犟着脖子，粗着嗓子说道：“咱这儿有招牌，是德聚号，你们长没长眼睛？‘狗不理’在那边，要去趁早。”客商们一看，果然不是“狗不理”，转身出门去找了一圈，又转回来了，对高贵有说道：“你就是‘狗不理’呀！怎么开这种玩笑呢！”高贵有一看，这个绰号是怎么也甩不掉了，现在连外埠人也知道了，没有办法，只好任人家去叫。

就这样，“狗不理”的名号越传越广，“狗不理”包子也越来越被人们喜欢，成了中国著名的传统风味点心。

据说，袁世凯任直隶总督在天津编练新军时，曾把“狗不理”包子作为贡品进京献给慈禧太后。慈禧太后尝后大悦，说：“山中走兽云中雁，陆地牛羊海底鲜，不及狗不理香矣，食之长寿也。”从此，狗不理包子名声大振，逐渐在许多地方开设了分号。

后来高贵友突然急中生智，想出了一个经营的新点子：即在店内桌上放上几大箩洗干净的筷子，顾客们想买包子，他要求先把零钱放进碗内，然后他便照碗里钱的多少按价给包子。顾客们吃完包子，放下碗筷就离店，而高贵友忙得自始至终不发一言。于是街坊邻居都取笑他：“狗仔卖包子，一概不理睬。”因此，“狗不理”的名号被叫得更欢。

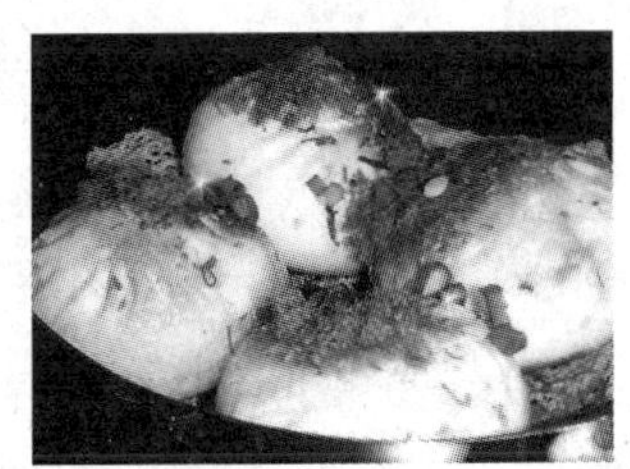

“狗不理”包子铺到现在已有一百多年历史了，而且越开越大，生意也越来越兴隆。他们还接待过一批又一批国外旅游者。西哈努克亲王到天津时还特地约请“狗不理”包子铺的厨师到他的住地，为他制作“狗不理”包子，并且按照这家包子铺的传统吃法，吃了稀饭和酱菜。

美国前总统老布什在他担任驻华联络处主任时，也曾慕名到天津去品尝“狗不理”包子。所以，天津俗谚说：“到天津不尝一尝’狗不理”包子，等于没有来过天津。”

横行天下少了一横

——全聚德

一炉百年的火，铸成了“全聚德”，天下第一楼，美名遍中国。

炉火是自己烧的，一烧烧了一百多年；名气是大家给的，一给同样是一百多年。

北京烤鸭已有一百多年“天下第一美味”的称号。

外国人游北京，有这样一句顺口溜：“到北京，两件事，游长城，吃烤鸭。”

中国人也有一句顺口溜：“不到长城非好汉，不吃烤鸭真遗憾。”

所有人都知道，顺口溜的烤鸭，正是名扬百年的全聚德烤鸭。

全聚德成立于1864年，创始人叫杨全仁。

相传，杨全仁每天到肉市上摆摊售卖鸡鸭，都要经过一间名叫“德聚全”的干果铺。这间铺子招牌虽然醒目，但生意却每况愈下。到了清同治三年（1864年）生意一蹶不振，濒临倒闭。精明的杨全仁准确地抓住了这个机会，拿出他多年的积蓄，买下了“德聚全”的店铺。

有了自己的铺子，该起个什么字号呢？杨全仁请来一位风水先生。这位风水先生围着店铺转了两圈，突然站定，捻着胡子说：“啊呀，这真是一块风水宝地啊！您看这店铺两边的两条小胡同，就像两根轿杆儿，将来盖起一座楼房，便如同一顶八抬大轿，前程不可限量！”风水先生眼珠一转，又说：“不过，以前这间店铺甚为倒运，晦气难除。除非将其‘德聚全’的旧字号倒过来，即称‘全聚德’，方可冲其霉运，踏上坦途。”

风水先生一席话，说得杨全仁眉开眼笑。“全聚德”这个名称正合他的心意，一来他的名字中占有一个“全”字，二来“聚德”就是聚拢德行，可以标榜自己做买卖讲德行。于是他将店的名号定为“全聚德”。接着他又请来一位对书法颇有造诣的秀才钱子龙，书写了“全聚德”三个大字，制成金字匾额挂在门楣之上。那字写得苍劲有力，浑厚醒目，为小店增色不少。

这只是传说，全聚德蜚声中外的真正功力是在于采用挂炉、明火烧果木的方法烤制鸭子。这种方法全世界绝无仅有。刚烤出的鸭子皮质酥脆，肉质鲜嫩，飘逸着果木的清香。鸭体形态丰盈饱满，全身呈均匀的枣红色，油光润泽，赏心悦目。配以荷叶饼、葱、酱食之，腴美醇厚，回味不尽。

烤鸭成熟时间为45分钟左右。

在全聚德，鸭不等人，只有人等鸭子。客人入座后，如果需要烤鸭，服务员马上通知鸭班，鸭班开始烤鸭，等50分钟后，客人就可吃到热喷喷的烤鸭了。烤鸭现烤现吃，吃到嘴里，皮是酥的，肉是嫩的，最为鲜美。

在全聚德，烤鸭有一个别致的称谓——片鸭。

片鸭的方法有三种，一种是杏仁片，这是最传统的片法，片好的鸭肉如杏仁；另一种片法如柳叶条；还有一种是皮肉分吃，鸭皮又酥又脆又香，鸭肉薄而不碎，裹在荷叶饼中食之，酥香鲜嫩。

吃鸭肉有三种佐料儿。一种为甜面酱加葱条，可配黄瓜条，萝卜条等；一种是蒜泥加酱油，也可配萝卜条等。蒜泥可以解油腻，烤鸭蘸着蒜泥吃，在鲜香之中，更增添了一丝辣意，风味更为独特，不少顾客特别偏爱这种佐料儿；第三种是白糖，这种吃法适合女士和儿童。

在过去，品尝片鸭不难，难的是品尝“全聚德”全鸭席，因为，价格不菲。

全鸭席以北京填鸭为主料烹制各类鸭菜组成的筵席。特点是：一席之上，除烤鸭之外，还有用鸭的舌、脑、心、肝、胗、胰、肠、脯、翅、掌等为主料烹制的不同菜肴，故名全鸭席。

全聚德这块一匾额几经风雨，一挂就是130多年。可是不知您是否注意到：全聚德牌匾上的德字少了一横。这又是为什么呢？

有人说，当时杨老板把钱子龙请来，两人对饮开怀，杨全仁得知钱子龙书法非常好，于是马上拿出笔墨纸砚，请钱秀才题个字。由于钱秀才多喝了两杯，精神有些恍惚，一不留心，“德”字忘写了一横。

还有人说，当时杨全仁创业时，一共雇了13个伙计，加上自己一共14个人。为了让大家安心干活，同心协力，所以让钱秀才少写一横，表示大家心上不能横一把刀。听到这，也许您会反问：那加上一横，不是更表示一心一意吗？

这些当然都是猜测和传说。真正的原因是什么呢？原来早在一千多年前，“德”就是像多音字一样的“多写字”，可以有一横，也可以没有横。这一点，我们可以从唐宋元明清书法名家的墨迹中得到印证。比如，现立于北京国子监孔庙的康熙皇帝御书《大学碑》中的“德”字就没有一横；又比如生活在与全聚德创立同期的清代画家郑板桥本人书写的“德”字，有的带一横，有的不带一横。

为了保持全聚德牌匾的历史原貌，一直以来牌匾上的“德”字便都少一横。

除了这一横，还有一个有趣的故事。在全聚德的历史中流传着一个术语，叫做——“三把鸭子两把鸡”。

原来，这是在给鸡鸭去毛时，测定水温的一种方法。就是说，接连三次把手放入热水锅里，第四次手下不去了，这时候的水温烫鸭子去毛正好；下去两次，第三次下不去时，则烫鸡去毛最好。非常简单的一句行话，仅用了七个字，就道出了一个难于掌握而又至关重要的操作工艺诀窍。

在科技发展的今天，控制一定的水温已非难事。可在过去，给鸡鸭去毛，既要去净，又不伤皮，需要严格地控制水温，就不是一件容易的事了。全聚德的先辈们，靠多年实践，靠精心总结，终于摸索出这个道理来，并形成了行业术语。这种锲而不舍的敬业精神怎能不令人钦佩！靠这精神，使传统的“鸭四吃”变成了丰盛的“全鸭席”；靠这精神，才有百世老店有了重换新颜的今天。

齿齿生香

——“豆氏”三姐妹

我住在狭窄的罐头盒里
清香的汁液浸透了我的性格
食以味为先，鳃盖轻轻地开合
打开我快乐的歌唱
我的豆豉年华没有过去
留下的还有什么呢
我的黄金时代就要到来
等我的人中有没有你

中国人，谁不是闻着豆豉的香气，听着豆豉的故事长大的！

这种奇异的香气是黄豆经过蒸煮、酶干、发酵后散发出来的一种自然清新扑鼻的香气，醇正地道，没有添加任何的人工香料。

自古以来，豆氏家族虽不敢说一统美食天下，却也算是无法缺席的调味佳品。提起中国传统调味品，“豆氏三姐妹”是绕不过去的。

大姐永川：在川渝菜系中，讲究“食以味为先”，豆豉当然是不可或缺的调味品，重庆古城永川，因豆豉酿制而闻名于世。

2008年，国务院正式公布，将“永川豆豉酿制技艺”列入第二批国家级非物质文化遗产名录，传承了300余年的古老技艺，至此位列“国字号”保护名录。

关于永川豆豉酿制技艺的来历，还有一段悠远的传说。

相传永川豆豉的发明者是一位姓崔的女子。崔氏原是永川一户富裕人家的小姐，饱读诗书，聪明能干，后来，因家道破落，不得已跟丈夫在城东跳石河边开起了小饭店。

公元1644年的一天，崔氏带着几个孩子在小饭店里蒸黄豆。黄豆刚刚起锅，张献忠的部队打此路过。听过“张献忠屠城”传言的崔氏害怕官兵抢人、抢豆，慌乱中将满满一筲箕黄豆倒在后院的柴草下，化妆成丑陋的老婆婆带着孩子们逃难去了。

半个月后，崔氏回到小饭店，突然闻到后院奇香扑鼻，打开后院门，搬开柴草，黄灿灿的豆子不见了，取而代之的是黑糊糊生霉发酵的“毛霉豆”。崔氏伤心地哭了起来，一颗颗捡出“毛霉豆”，洗净加盐装在坛子里，以备战乱时勉强佐菜下饭。

谁知第二年开春，崔氏试着将“毛霉豆”端到四方桌上，却发现光滑油黑，清香散粒，一家人争相食之。

路过跳石河的外地木材商人闻香而来，品尝后，竖起大拇指赞不绝口，追问这道鲜美可口的菜叫什么名字。崔氏不好意思说出土得掉渣的名字，恰好门外一个邻居小男孩的牙齿掉了，又想到木材商人说吃了“毛霉豆”唇齿留香，崔氏急中生智冲口说出了“豆齿”这个崭新的名字。

尝到了美味的木材商人将“豆齿”记成了“豆豉”，一路走一路宣传“到了永川，不吃跳石河崔氏豆豉，就等于没进永川城”。永川豆豉由此声名鹊起。

民国三十五年，永昌镇上就有鼎丰号、三荣祥及松溉镇之吉祥号等20余家，每年产豆豉1000担（每担100市斤）以上。

二姐罗定：广东罗定的豆豉也非常出名。

广东人历来注重饮食，其配料亦相当讲究，豆豉作为中国菜的一种佐料，味芬芳肉松化，使用广泛。以豆豉配制的豆豉鲮鱼、豉汁排骨等菜式，都深受美食家们喜爱。在广州，香港，及至北京国宴，美国唐人街等各地酒楼都有以罗定豆豉鸡命名的大菜。只是，当我们品尝这些以豆豉为佐料的一道道美味菜式时，不会想到它的发明来自一位乞丐。

传说有一位财主特别喜欢煮豆吃，每天都会煮上一锅，足够一家人吃。有一次煮好豆后，一家人都因急事外出，几天后回来，揭开锅盖，那些豆豆们已经发酵，还长了一层白色的毛。凑巧有一位乞丐到来行丐，财主就将长满长毛的豆子全部给了这乞丐。乞丐回去后将豆淘洗干净，晾晒，干后加盐装好，准备日后再慢慢“享用”。

适逢附近举办庙会，一连几天内，乞丐都讨得不少饭菜，也就顾不上要吃这些长了毛的小豆子了。庙会结束了，没了好去处，于是又想起了那些煮豆。他打开盖子，一阵芬芳扑鼻而来，几天前那些长毛的煮豆变成了有香味的豆，豆的底下还有一层乌黑的油，且味道鲜美。他非常高兴，并起名叫“豆豉”，他拿到财主家的厨师那里，叫他也尝一尝这美味，厨师也觉不错。就用这些豆豉配制了几道菜。财主品味后连连赞好，于是留下乞丐做长工，专门制作豆豉。后来这位乞丐在财主家干了几年，有了点积蓄，就自己办了个豆豉制作坊，专门制作豆豉出卖。

罗定豆豉盛名是明清两代的事，而豆豉的制作却可以追溯到更遥远的年代，李时珍的《本草纲目》已有记载并入药。豆豉的制作，要经过发酵、洗涤和蒸晒的过程。家庭也可制作。而豆豉的制作发明者是谁，历史上却不曾有记载，会不会是因为它是由一位乞丐所发明，所以不为文人重视呢？应该说，这种可能是非常大的。

小妹临沂：论资排辈，山东临沂的八宝豆豉资历最浅，但工艺声名却不输两位姐姐。

山东临沂有个百年老店，名叫“惟一斋”。这个老店用大黑豆、茄子、鲜姜、杏仁、鲜花椒、紫苏叶、香油、白酒等8种原材料酿制出一种美味豆豉，取名“八宝豆豉”。

相传道光年间，山东沂州府的垛庄有位老妈妈，智慧过人，她用大黑豆、茄子、香油作主要原料，腌制出的酱菜，非常美味可口，取名曰豆豉。垛庄的一位酱园师傅彭三又从她手中学到了制作豆豉的技艺。

后来，临沂城内的“惟一斋”酱园慕名将彭师傅聘请到该园制作豆豉。“惟一斋”酱园收集了各地制作豆豉的名师技艺和配方，并在实践中不断加以研究改进，终于研制成独具一格的临沂风味豆豉。“惟一斋”以惟一命名，大概也是想表明它们的豆豉才是独一无二吧。

这样“酱”菜

——六必居

萝卜洗净切开晾。
花椒大料入适量，
葱姜选用要精当。
酱盐与之搅拌匀，
装入缸中晒太阳。
如此之后四十日，
酱菜出缸满院香。
此菜只应天上有，
人间得此神仙方。

中国民间的美味很少走海鲜鱼翅的路线，它们更喜欢的是“小”“清”“新”。或者说，甘做一个与众不同的“丫鬟”。

六必居培育出来的酱料就是一个这样的“丫鬟”。

被奸臣“黑”过，却能红透半边天的老字号全中国仅此一个，它就是六必居！

世界各国都有吃酱菜的习惯，中国人酱菜世界有名，首屈一指的当属北京“六必居”。

六必居是山西临汾人赵氏三兄弟于明嘉靖九年，也就是公元1530年所创办。由于赵氏兄弟善于经营，加之六必居开业时所选择的地理位置好，所以买卖一直很兴隆。后来又扩充了门面，由开始时的两间小店堂，扩充为四间门面，且后边还增设了加工的作坊，使生意越做越大。

说它被奸臣“黑”过，并不夸张，说它红透半边天，同样不夸张。这两者都要从“六必居”的那块匾说起。

关于六必居店名的来历和六必居的匾额来历，在社会上流传有好几种说法，六必居店名的来历，据说是因为所经营之物为柴、米、油、盐、酱、醋六种，这六种都是百姓日常生活的必需品，所以取名六必居。

还有的说，六必居开始是个酒铺，所酿的酒必须经过六个要素，即：黍稻必齐，曲蘖必实，湛之必洁，陶瓷必良，火候必得，水泉必香。这几点说出了制酒的要求，通过选料、下料、工艺、设备、时间、泉水等六个必须，所以起名为六必居。

最离奇的说法是，六必居是六个寡妇开办的，这几个妇女勤勤恳恳，无论什么事情都做得很周全，商量大事小事必定是六个人一起，少一个都不行，所以叫六必居。这些说法大部分都是民间传说，有待于考证。但是，这起码说明了一点，经商之人为自己的店铺起名字，大多讲究个吉祥、顺当，而六六大顺是中华民族传统中民间信仰的东西。

店铺的牌匾，也有几个说法，有人说六必居开张以后，生意做得好，扩充了门面之后，掌柜的觉得原来的牌子小了点，就想托个写字好的人另给写一块大的。此时，有个叫严嵩的人闲居在京，经常来店里买酒，当时严嵩还没有做官，一来二去就和店铺里的伙计们混熟了，伙计们也知道他写得一手好字，就向掌柜的推荐让严嵩写匾。严嵩写了字，但是没落款。为什么呢？当时严嵩说，我只是个小人物，落款不落款没什么了不起。六必居的生意这么好，落了款倒没准影响了你们的生意。谁知没几天，严嵩竟做了朝廷里的大官，且名声也越来越大，严嵩写的这块匾，则使六必居名贯京华。

当时，京城里很多做官的人都认识严嵩的字，为了看六居门高悬的大匾，个个都争先恐后地来买酱菜，六必居的名声越来越大，很快就传遍了京城。到了后来，曾有书法家专门研究过这块匾额，认定是严嵩所书。

不管名字到底是怎么起的，匾额是不是严嵩题的，六必居在明清时期生意便十分兴旺，据史料记载，无论春夏秋冬，天天宾客盈门，上至皇宫贵族、大臣官员，下至普通百姓、贩夫走卒，席面上少不了六必居的酱菜，家常便饭更是少不了六必居的酱菜。

来一碟酱黄瓜，再来一碟辣萝卜丝儿，甭管就着什么吃，都是那么清香爽口。所以，六必居的门市上，有买一两二两的，也有买几斤十几斤的，自己食用或是送给亲友都觉着拿得出手，特别是外地来京的客人，大包小包的一买就是一大堆，大部分都是给亲友带的。直到今天，到六必居来的客人，还是这个传统。

六必居酱菜为什么几百年风味不减，盛名不衰，主要是制作上选料精良，讲究规格，精工细作，并采用自制天然酱制的方法。

譬如：精选北京大兴产的鲜嫩黄瓜，要6根共500克，须“顶花带刺”，还得“条顺”，再用500克自制的面酱，先腌制后酱制，冬季要

10 天左右的时间方制成一罐“六必居”甜酱黄瓜……北京人口口相传的美味就这么延续了 470 多年。

连制好的酱菜出售时都有严格的规范要求，要存放在酱缸内，卖多少出缸多少，从出缸到顾客手中最多不超过 2 ~3 小时。所以，六必居的酱菜陈列在货架上五光十色，令人垂涎。

清朝时六必居有 8 种产品被定为御用小菜，分别是：大酱爪、八宝菜、甘露、甜酱黑菜、十香菜、白糖蒜、稀黄酱、铺淋酱。据说，慈禧最是喜爱。

老字号的传统就在这里，文化内涵就在这里，长盛不衰的奥秘也在这里。

“月”然纸上

——中秋时节月芬芳

将甜蜜和芳香紧紧包裹
团成一轮圆润的满月
浓烈的怀念与渴望
月光一样弥漫
穿越乡野淡淡的雾霭
秋夜特有的气息
清凉的涟漪在夜间荡漾

秋天的时候，有圆月相伴，将一腔浓烈的乡愁化作一块甜蜜的月饼，放入嘴中，细细品尝，这是每个中国人中秋时节的美丽愿望。

一年一度的中秋节，作为中国最重要的三大传统节日之一，它的民俗活动异常丰富，各地皆不相同，但不论大江南北，吃月饼都是必有之项，几乎已成中秋节的名片。

为什么中秋节要吃月饼呢？

传说源于唐征突厥取胜，有西域商人贺以胡饼，李世民感慨道“应将胡饼邀蟾蜍”。

其实，在汉代胡饼就已入中原，类于今天的馕。李世民不过是说胡饼之圆，近似月亮罢了，和月饼毫无关系。事实上，到南宋才有“月饼”一说，但只是集市食品，与中秋节无关，而且与现代工艺大相径庭，因为彼时的月饼是蒸制的。直到明代，才有中秋节吃月饼的确切记载。

“饼”在古代是一类面食的总称，比如面条叫汤饼、索饼，馒头叫蒸饼、炊饼，水饺叫煮饼，凉面叫溲饼等。古人祭祀需用面食，以“饼”祭月，在所难免，比如宋代宫廷过中秋时就吃“宫饼”“小饼”“月团”。元代中亚技师大量进入中原，使起酥和提浆技术更加成熟并得到推广，这推动了月饼的普及。

历史上，老北京的月饼影响颇大，但宫廷月饼和民间月饼的差距也很大。

宫廷月饼一般 2 斤一个，大的曾达到几十斤，因用来祭祀，故全用素油，但含较多奶制品，需切开分食，更像是蛋糕。

宫廷月饼制作复杂，用料讲究，被认为是五大月饼流派之首。而民间月饼以提浆月饼为主，是用糖浆揉面制皮，因传统白糖制作工艺较差，熬化后有杂色，所以要加入鸡蛋白或豆浆，令杂质沉淀，这就是“提浆”。

提浆月饼烤制时，接近顶部会自动生成一个圆圈，叫“磨水戳”，因糖浆微粒受热向顶部涌动，再遇热而成深红色。普通面制成的提浆月饼叫“自来白”，烫面制成的叫“自来红”，它的面和馅比例差不多，非常干，口感虽硬，但不易变质，便于保存。

老北京月饼首先要用来祭兔爷，兔爷是北京独有的民间神灵，崇文门外花市大街的灶君庙被认为是兔爷的老窝，一到农历八月，买兔爷的人们便络绎不绝。给兔爷供月饼时，还要供藕，据说，这是给兔爷剔牙用的。

老北京的中秋节又叫果子节，有各种各样的水果，这是老北京入冬前最后的丰盛，所以特别受重视。老北京过中秋必赏花，在花市等处要搭“花山”。而赏月文化也异常精致，分“文玩”与“武玩”两种，

“文玩”是举办宴会，一起写诗猜谜；“武玩”则是到湖边赏月，或在四合院中置水缸，看月的倒影，并投石以搅乱它。

我国月饼流派很多，但从大处可分为三大流派，即：京式、苏式、广式。

但京式月饼并非始创自北京，而是发源于中原一带。在宋代之前，中原一带是我国历代王朝的国都所在，文化、技术和经济都比较繁荣发达，发酵技术起源和应用于此地比较合理，为此京式月饼起源于中原，发展于京津的说法是比较恰当的。

苏式月饼起源也并非苏州，而是扬州。苏式月饼的形成较京式月饼稍晚，苏式月饼的确切名称应称为“酥式月饼”。苏东坡就有诗句“小饼如嚼月，中有酥和饴”的诗句。

“苏式月饼”的形成虽较“京式”稍晚，但对我国的饼业影响最大，“酥皮”的应用范围很广，至今不衰。近年来由于苏月的“酥皮”易碎，不便携带运输，加上苏月油重糖厚，现代人的饮食提倡低糖、低脂肪，对苏式月饼产销量有一定影响。

近年来，“广式月饼”享誉海内外，成为最受欢迎的一大流派。据了解，目前广式月饼产量已占整个月饼总产量 80% 以上。自广式月饼风靡全国以来，软馅月饼几乎成了广式月饼的代名词。

其实，广式月饼也有软馅、硬馅之别。的确，月饼中包入咸蛋黄是广式月饼的一大特色，然而，广式月饼除了这一特点之外，还可以用 16 个字来概括，即“选料精良，做工精细，皮薄馅靓，香甜软糯”。广式月饼皮馅比例一般为 2 : 8，甚至还有 1.6 : 8.4 的。在中国所有月饼品种中，广式月饼的饼皮是最薄的。

广式月饼形成年代比京式和苏式都晚，应该说，广式月饼的鼻祖，还应是京式月饼。

从月饼发展史看，与中秋节结缘应在明代，当时不仅吃月饼，还要吃螃蟹，喝桂花酒，但后两个习俗渐渐淡出了。其实，中秋节吃什么并不重要，重要的是能在此佳节享受放松的心情，获取心灵的愉悦。

唇“茶”天下

——陆机的茶

柴米油盐酱
陈醋天下鲜
一生为墨客
几世做茶仙

百姓生活有七事，柴米油盐酱醋茶。

茶虽然排在老幺的位置，但其高雅的脾性却是其他六事难以比拟的。

茶，在中国文化中扮演的角色一直是举足轻重的，千家万户，上到皇亲国戚，下到平民百姓，茶，已经融入了生活的方方面面，成为了最普通、最平凡也最重要的一件大事。

说到茶，总有一个人的名字会让人们想起。他已经成为了茶的符号，茶也因为他而被更广泛地接受和推广，他就是陆羽。

陆羽一生因茶闻名，他的《茶经》虽然只有短短的7000多字，但却系统地讲述了茶的演变和茶中饱含的万千韵味。这部传世之作也成为世界茶史上最为经典的茶学论著。

据《茶经》记载，在唐代以前，茶主要出现在寺庙中，为僧人日常修行的一种饮料而已，并未得到广泛地流传。但茶的精髓却恰如佛家所追求的“苦尽甘来”一样，茶，乍饮微苦，细品回甘，深受僧人们的喜爱，也因此成为众多寺庙种植茶树的缘由，甚至成为僧人日常修行的一部分。

之所以说到佛家，这与陆羽特殊的佛门经历是有关系的。相传陆羽是个弃儿，被湖北竟陵龙盖寺住持智积禅师收养，而智积禅师是位茶艺很精的高僧，几次三番让陆羽皈依佛门，但陆羽心性不静，尘缘未了，最终逃出龙盖寺流落成市井的优伶，以饰演丑角为生。因天性敦厚，竟使他饰演的丑角别有风味，以至被竟陵太守李齐物看中，也因此有了读书的机会，这就为陆羽写作《茶经》奠定了文字基础。

天宝元年，安禄山叛乱，陆羽离开竟陵，四处游走，当来到浙江境内，陆羽就再也不想离开了。这里有清清的苕溪之水，这里有绵绵的天目山脉。青山绿水，是茶水之道最能参透的绝佳所在。埋藏在陆羽心中的关于茶的记忆，像雨后春笋般蓬勃发芽。

于是陆羽在苕溪之畔的双溪村建了一座苕溪草堂，从此钻研茶道。

说起江南的茶事，众所周知的就是西湖的龙井、余杭的径山茶、安吉白茶和开化的龙顶了。然而说起江南的茶不得不说的俩人就是法钦禅师和辩才和尚了，前者是径山茶的鼻祖，后者是龙井茶的祖师。

陆羽曾遍游三十二州，寻找与茶有关的点滴，在拜访法钦禅师的时候，俩人一见如故，坐而论道，品茗焚香。因而陆羽也尝到了法钦亲自烹制的径山茶水。而法钦对陆羽“逢山下马采茶，遇泉下鞍取水”的传奇经历也颇有兴致。就在这样的交谈中陆羽学到了径山茶的精髓，也对茶有了更深刻的认识。茶，不再仅仅是解渴佐餐之用了，而是有了更为深厚的内涵。

再说辩才和尚，他教会陆羽培植的狮子峰茶树，加上狮峰山的一眼与大海相通的泉水，足以孕育出厚重底蕴的西湖龙井了。也因此西湖龙井便名声远播了。

如果说陆羽让中国人对茶道有了更深的了解，那么圆尔辨圆则让日本人在茶道中得到了启蒙，只不过，圆尔辨圆的茶道也是源自于中国。

追溯日本茶道与中国茶的渊源，要从日本僧人圆尔辨圆游学中国时说起。

早在唐宋时期，日本曾前后有过400多名僧人到中国游历，也将中国的茶文化带到了日本。但真正使得茶道在日本风行之人，则是圆尔辨圆。

圆尔辨圆拜访了径山寺，系统研习了径山茶的整个工艺流程，在径山寺待了很长一段时间。回到日本后便将径山茶发扬光大了，甚至还发展出了日本的碾茶。

茶，发展到今天，已经出现了很多种不同的茶艺。

唐代流行的是煎茶法，用姜、盐一起煎。这一阶段茶不单是纯粹意义上的饮品，更有药用的功效。

宋代流行的是团茶法，制造茶砖，工艺繁复，价格昂贵，北宋时期甚至一度达到一斤黄金二两茶。

到了明代，才真正发明了清饮，明朝洪武二十四年，朱元璋废团茶，从此一种新的方法便诞生了。沸水冲泡，这便是清饮的开端了，并且一直沿用至今，广泛传播，使得茶的饮用真正地推广起来。

现代工艺发展出了更多的品种，譬如花茶，木樨、茉莉、玫瑰、蔷薇、兰蕙、梅花均可入茶。

茶，已经不仅仅局限于解渴佐餐之用，而有了深刻的内涵和底蕴，茶，也不仅仅局限于寺庙之中，更是走进了千家万户，走向了世界的各个角落。关于茶的文化还有很多，茶具、茶水都有讲究。

初雪之水，朝露之水，清风细雨之中的无根之水都是最好的泡茶材料。乾隆帝就是最喜雪水泡茶的，当年他御封的 18 棵龙井茶树，如今已经枝繁叶茂，这也在一定程度上使得龙井茶更为出名。

茶，代表了一种性情，代表了一种文化，代表了一种内涵，代表了一种意蕴，这其中的况味需要每个爱茶、吃茶的人慢慢品味。

过桥有心意

——爱的真滋味

过山涉水到昆明
桥西楼东百家停
米线条条汤中挡
线丝汤汤味道行

画上的老者陷入了对往事的回忆……

我又名落孙山！在这之前我已经连续八年落第，那时我还年轻。

妻为了我每年的进京赶考而忙碌，她有一双透明的眼睛，从那里可以看到她的整个世界，眼角过早地被憔悴镶嵌，印成美丽的浅浅的花纹。

妻说，您还是到僻静的旧屋去温习吧？孩子太吵闹了。

孩子此刻很乖，在咿咿呀呀的学着说话。我看着窗外，河对面山上的树叶已经开始随风飘零，昨天深夜我在油灯下作文的时候，妻给我披了件长衫，她极少言语，可是只要她用她的明眸凝望我，我就会明白一切的。

窘迫的生活，迫使我奋发，读书！读书！我只有通过中举，才能离开这贫瘠又可爱的地方。

深夜，妻又叫我休息，说道，你还是到河对面狮子桥那头的旧屋去安心读书吧，我每天给你送饭菜。

很意外地，这个秋冬之际我几乎每天可以吃到妻送来的米线，虽然不是刚刚滚烫出锅的，但每一次都是新鲜热腾，那扑鼻而来的香气激发了我的食欲。

妻有一个秘诀，她拿出一个沙锅揭开盖子，里面是热气腾腾的鸡汤，她把鸡汤倒进盛装米线的竹筒里。过了好一阵子，又把米线和汤倒进碗里，特制的米线就被她创造出来了。发明！对，是发明！以前没有谁这么煮过米线，妻以前也是在锅里烫泡好了的米线，然后加以调料，虽然也很可口，但是绝对少了这么艺术的工序和味道。

……

我终于在中举的铜锣击响的那一刻回到了家乡，看见抱着孩子的妻满面泪水的欣喜，我拉着妻的手，飞快地朝狮子桥跑去，远远的，我指着桥，对妻喘息着说道，我们的米线就叫过桥米线吧！这个名儿，就是你的经历，你虽然足不出户，但是你走这桥的里程叠加起来，比谁走的路都长……

画中的老者恢复了平静，也许他正在梦境中回味过桥米线的真滋味！

过桥米线是云南的经典小吃，那里的过桥米线是米线中的上品，以用料考究、制作精良、吃法独特、独具风味而闻名中外。

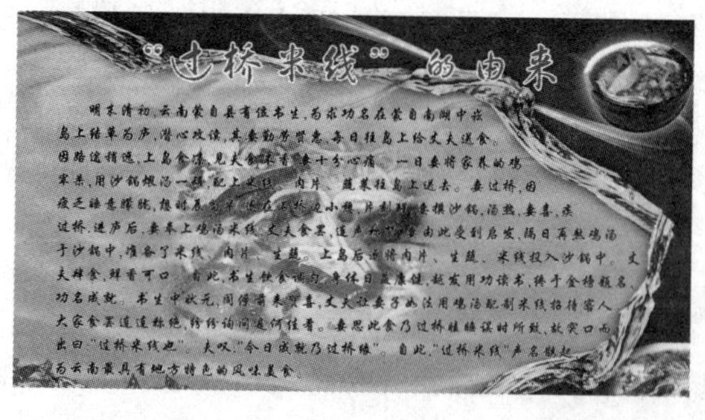

过桥米线已有 100 多年的历史，它源于滇南蒙自县，1920 年，昆明市建立了第一家过桥米线馆“仁和园”。

传说有一秀才在蒙自南湖的湖心小岛念书，秀才妻每日都要通过石砌的小桥给丈夫送饭。一日，妻子念丈夫读书辛苦，炖了一只又肥又壮的母鸡，装入罐中，正准备送饭送给丈夫，由于有要事未能按时送去。当她办完事后，发现汤罐还是热乎乎的，原来是厚厚的一层黄油覆盖汤面，起到了隔热作用。

于是，便穿小道，走石桥，送到丈夫身边，将米线往热鸡汤里浸泡后，随即捞出放入碗里，秀才吃了十分满意。此事被传为美谈，人们为了赞誉这位贤能的妻子，便将这种食品取名“过桥米线”。

经过历代滇味厨师不断改进创新，“过桥米线”声誉日隆，享誉海内外，成为滇南的一道著名小吃。

我们现在能够尝到的米线已经少了几分当年的爱意，但是材料和工艺丝毫不少。

米线由汤、片和米线、佐料三部分组成。吃时用大瓷碗一只，先放熟鸡油、味精、胡椒面，然后将鸡、排骨、猪筒子骨等熬出的汤舀入碗内端上桌备用。

此时，滚汤被厚厚的一层油盖住不冒气，但食客千万不可先喝汤，以免烫伤。要先把鸽蛋磕入碗内，接着把生鱼片、生肉片、鸡肉、猪肝、腰花、鱿鱼、海参、肚片等生的肉食依次放入，并用筷子轻轻拨动，好让生肉烫熟。然后放入香肠、叉烧等熟肉，再加入豌豆、嫩韭菜、菠菜、豆腐皮、米线，最后加入酱油、辣子油。吃起来味道特别浓郁鲜美，营养非常丰富，常常令中外食客赞不绝口。

最重要的是，喝一口砂锅里的高汤，细细品味，香浓不油腻，鲜美不口干，通透且绵长，猛烈且又持久。这其中也许就是爱的真滋味吧。

天朝上品

——茅台酒

一座茅台旧有村，
糟邱无数结为邻。
使君休怨曲生醉，
利锁名缰更醉人！

这首竹枝词，是至今犹存的最早赞誉茅台酒的诗歌。据说，当年张国华来到茅台，在一家酒店开怀畅饮，酩酊大醉，乘兴向店家要来笔墨，在壁头上题写了这首竹枝词，直到咸丰末年才毁于兵乱。

这首竹枝词借酒抒怀，真实地记述了其时茅台村的盛况，它是研究清嘉庆、道光年间茅台酒的酿造、运销等情况的珍贵史料。

话分两头，各表一枝。

1915 年，美国为隆重庆祝巴拿马运河这一伟大工程的开通，决定在旧金山举办巴拿马万国博览会。为了办好这届博览会，美国政府早在几年前就向世界各国发出邀请。45 个国家参加了这次大型国际博览会。

中国送去很多展品，其中就有贵州茅台镇上成义、荣和两家烧房精心酿制勾兑的茅台酒。

清朝政府以“茅台公司”名义，将土瓦罐包装的茅台酒送到巴拿马万国博览会参展，没想到外人对之根本不屑一顾。

一名中国官员情急之中将瓦罐掷碎于地，顿时，酒香扑鼻，惊倒四座，茅台酒终于一举夺冠。

从此，与法国的科涅克白兰地、英国的苏格兰威士忌共同被评为世界三大蒸馏酒，并被授予金牌和奖品。茅台，就此走上世界舞台，高踞世界三大名酒的宝座。

时间的长河慢慢流淌，话说红军当年长征路经贵州攻占茅台镇，大家都很疲乏，就在这时，拥戴红军的老百姓给战士们送来很多茅台酒。

有人发现，茅台不光喝起来舒坦，擦起来也很痛快。

原来，茅台酒有舒筋活血，消炎去肿的功效，战士们纷纷用酒擦脸，洗头，洗脚，顿时感到浑身痛快，解除了长途跋涉的疲乏。

正当战士们兴高采烈的时候，周恩来到达茅台镇。他见大家用茅台酒擦脸、洗脚，十分生气，连声批评道：“真是糟蹋圣人！”

周恩来为何说“圣人”二字呢？这里还有一段故事。

传说，东汉末年，曹操主持朝政，一天，尚书侍郎徐邈在家喝酒大醉，正好曹操派人唤他进朝议事，他躲闪不及，就倚仗酒劲儿说：“回禀丞相，臣正与圣人议事，不得功夫。”来人一听“圣人”，便糊里糊涂地复命去了。曹操也糊里糊涂，没有追问下去。事后，徐邈与友人谈起此事时说：“不想‘圣人’二字竟救了我的命。”从此，“圣人”便成了酒的别名。

显然，周恩来是借用酒的这个别名批评红军战士。他语重心长地说："同志们，这是我们国家在巴拿马万国博览会上获得金奖的贵州茅台酒啊！"接着又给大家讲了有关茅台酒的故事，在场的红军战士无不深受教育。

据说，周恩来在茅台镇用超过 1 两的杯子喝下 25 杯茅台酒，从这之后，他就与茅台结下不解之缘。

1950 年国庆，时任新中国总理的周恩来决定用贵州茅台酒作为国宴用酒。可在国庆前夕，偌大的北京城竟连一瓶茅台酒也找不到，周恩来十分着急。他要办公厅挂通贵州的电话，亲自电告省委书记苏振华，要他急调一批茅台酒进京。

周恩来会饮酒，酒量不小，但十分节制。在外交场合，周恩来常以酒作为调节、活跃气氛的话题。无论是日内瓦会议，还是尼克松访华、田中访华……凡举行国宴，周恩来都用茅台酒招待宾朋。

1971 年，美国的基辛格奉尼克松之命秘密访华。他来到时，中国的一种神秘感使他有点紧张。为了活跃情绪，周恩来在与他们握手时，极力寻找话题与他们寒暄。其间，周恩来与美国特工人员雷迪和麦克劳德开玩笑说："你们可要小心哟，我们的茅台酒会醉人的。你们喝醉了，是不是回去要受处分呢？"周恩来与他们如同亲朋好友那样聊着家常，这便使基辛格一行紧张拘束的心理很快消失了。

1972 年 2 月，美国总统尼克松来华，周恩来用贮藏了 30 多年的茅台酒招待贵宾。这纯净透明、醇香浓郁的茅台酒将尼克松迷住了。在和尼克松碰杯时周恩来告诉尼克松说，在长征途中，一次他曾喝过 25 杯烈性茅台酒，若是在肚子里发起热来可不得了！

就这样，正式被命名为国酒的茅台，随着新中国的外交、新中国的影响、新中国的发展，大步走向国际舞台，发挥着特殊的作用。

毛泽东第一次赴苏联赠送给斯大林的礼品之一就是茅台酒；日内瓦会议，新中国外交战线取得的第一次胜利，周总理说茅台酒功不可没；尼克松首次访华，打破中美关系坚冰后，与周恩来开怀畅饮的是茅台酒；中日邦交正常化之后，田中首相回国带给女儿的贵重礼物是周恩来送的茅台酒；中英香港问题谈判结束后，邓小平与撒切尔夫人共同举杯相庆的是茅台……

茅台，作为中国的国酒，对外交往的国礼酒，它代表着中华民族的悠久的历史和深厚的文化。

1995 年，巴拿马运河开通、巴拿马万国博览会举办 80 周年之际，美国人再次举办了一次声势浩大的巴拿马万国博览会 80 周年纪念活动，茅台酒再次被世界各国的专家们评为世界名酒，荣获特别金奖第一名。

六位一体

——绍兴女儿红

谁在我第一个秋
为我埋下一个梦
一坛酒　酿多久
才有幸福的时候
一路上往事如风
半生情谁来左右
女人哪　别无他求
贪一次真的永久
喝一口女儿红
解两颗心的冻
……

当女儿下地的第一声啼哭，必定会让每一个父亲心头一热，三亩田的糯谷就酿成三坛子女儿红，仔细装坛封口深埋在后院桂花树下，就像深深掩藏起来的父爱，没事的时候就到桂花树下踏几脚，踏几脚仿佛心里也踏实一些。回头望一望女儿，女儿头扎红头绳，眉眼儿像清明时节的柳叶，一天比一天明媚……

自古浙江绍兴一带，这个习俗就这样长久沿袭着。待到女儿 18 岁出嫁之时，用酒作为陪嫁的贺礼，恭送到夫家。按照绍兴老规矩，从坛中舀出的头三碗酒，要分别呈献给女儿婆家的公公、亲生父亲以及自己的丈夫，寓意祈盼人寿安康，家运昌盛。在绍兴一带，生女必酿女儿酒的习俗长久流传。这就是“女儿红”。

南宋著名诗人陆游住东关古镇时，品饮女儿红酒后写下了著名诗句“移家只欲东关住，夜夜湖中看月生”。

女儿红是糯米酒的一种，主要产于中国浙江绍兴一带。早在晋代，上虞人稽含《南方草木状》中就曾记载：“女儿酒为旧时富家生女、嫁女必备之物。”

女儿红主要用优质的糯米，上好的酒曲，加上江浙的泉水，古法酿制，再窖藏数年。

女儿红酒的味是六种味和谐地融合。这六味即是：甜味、酸味、苦味、辛味（辛辣）、鲜味、涩味，以上六味形成了女儿红酒不同寻常的“格”，一种引人入胜的，十分独特的风格。

关于女儿红的来历有一个传说：很久以前，绍兴有个裁缝师傅，娶了妻想要个儿子。一天，发现他的妻子怀孕了。他高兴极了，赶紧酿了几坛酒，准备得子时款待亲朋好友。不料，他妻子生的却是女儿。当时，社会上的人都重男轻女，裁缝师傅也不例外，他气恼万分，就将几坛酒埋在后院桂花树底下了。

光阴似箭，女儿长大成人，生得聪明伶俐，居然把裁缝的手艺都学得非常精通，还习得一手好绣花，裁缝店的生意也因此越来越旺。裁缝一看，生个女儿还真不错嘛！于是决定把她嫁给自己最得意的徒弟，高高兴兴地给女儿办婚事。成亲之日请客，裁缝师傅喝酒喝得很高兴，忽然想起了十几年前埋在桂花树底下的几坛酒，便挖出来，结果，一打开酒坛，香气扑鼻，色浓味醇，极为好喝。于是，大家就把这种酒叫为“女儿红”酒，又称“女儿酒”。

另有一说则稍有出入，传说很久以前，绍兴东关有一员外盼嗣心切，无奈妻久不孕，员外寻遍周遭终得一偏方，妻方孕，员外喜极之际，特酿黄酒 20 余坛以庆祝。冬去春来十月怀胎，员外妻诞下千金，不日便迎满月，按当地习俗，员外设剃头酒大宴宾客。酒席散毕，员外见数坛好酒尚未启封，弃之不免可惜，遂将此酒埋于花园桂花树下。光阴似箭，岁月如梭，十八载转眼即逝，员外千金也已长大成人，其容胜西施，其貌赛貂蝉，可谓倾国倾城。窈窕淑女君子好逑，说媒提亲之人遂络绎不绝，乃父慎思，许嫁于恩人之子。不久，大喜之日即到，喜宴间，老员外与宾客欢庆畅饮，酒水渐尽仍不尽兴，老员外愁眉之际忽忆桂花树下还有那已埋藏 18 年的好酒，即命人掘陈酿以宴宾客，待酒坛出土置于宴厅，去其泥头，顿时芳香扑来、浸润心脾，众人争相尝饮，无不为其晶莹瑰丽之色、甘洌爽口之味所倒，席上诗人不禁赞道：“地埋女儿红，闺阁出仙童”，众客称好！

此后，隔壁邻居，远远近近的人家生了女儿时，就酿酒埋藏，嫁女时就掘酒请客，形成了风俗。此后千百年间，古绍兴一带逐渐形成“生女必酿女儿酒，嫁女必饮女儿红”的习俗。后来，连生男孩子时，也依照着酿酒、埋酒，盼儿子中状元时庆贺饮用，所以，这酒又叫“状元红”。“女儿红”和“状元红”都是经过长期储藏的陈年老酒。这酒实在太香太好喝了，因此，人们都把这种酒当名贵的礼品来赠送了。

有意思的是，由于都是出自绍兴，很多人将花雕和女儿红常常混为一谈。其实两者代表着截然不同的两种寓意，花雕的雕含有凋零的意思，女儿红则表示红红火火。

有一种酒，在女儿出生时埋入地下，女儿出嫁时取出来喝，叫做女儿红……若红颜未嫁即谢，就叫做花雕（凋）。

有一种酒，在儿子出生时埋入地下，儿子成年时取出来喝，叫做状元红……若儿子未成年即亡，就叫做秘雕。

……

斯文的夹心
——茯苓饼

人生在世不求仙
五谷百草保平安
七分延年八珍味
茯苓美味做神仙

“茯苓夹饼”是北京名特食品。茯苓为多孔菌科真菌茯苓的菌核，自古被视为“中药八珍”之一。在中国传统医学中，茯苓的药用已有2000多年的历史了。《神农本草经》中，把茯苓列为上品，有“久服安魂养神，不饥延年”的作用。

但是茯苓饼的出名却是因为慈禧爱吃，所以身价百倍。凡到北京的外地人，大都要到王府井买几盒带回去，以馈赠亲友。

当年八国联军进京后，慈禧太后自从陕西大逃亡返回京都之后，不但深感所统政局大伤了元气，而且身体也感到每况愈下，心慌心跳、失眠多梦、烦乱不安、浑身乏力等症侯，就像一根魔棍不停地搅扰着她，又像一条魔绳时时缠绕着她，使她精神憔悴，疲惫不堪。

一天早晨，李莲英给她梳头时，她特意对着镜子端详了一下自己的面容，发现整个肤色比大逃亡之前黑了许多，眼角部位的那些细小的皱纹也明显地加深了许多。宫中太医几经调治，皆无起色。

后来，有人进言说，香山法海寺有位老方丈擅长治病，请太后不妨试一试。慈禧求医心切，随即让李莲英安排：让老方丈到香山行宫见驾。

老方丈见驾之后，仰目粗略瞄了一眼慈禧的面色，既没解说病因，也没开方抓药，只是从佛寺所用的一个随身囊中取出十几个点心状的小圆饼饼，嘱咐每日早晨服食三枚，六天后看效果如何。并叮嘱：每早吃下小饼饼之后，若在两个时辰之内用膳进餐，定要忌醋。

慈禧按照老方丈的嘱咐行事，仅仅吃了三天，便感到有些神清气爽，全身轻松，心跳和失眠也大有好转。她觉得，老方丈的小圆饼饼里定有奥妙。

为了弄清和得到这个奥妙，第四天一大早，慈禧遂带李莲英和两个随从，微服私访法海寺。

一进寺门，便闻到一股奇异的香味扑鼻而来。慈禧循香入室，只见老方丈正在烙制那种小圆饼饼，不禁说了一声“好香啊！”

老方丈闻声转身一看，惊见太后大驾光临，立带众僧跪叩迎驾。

慈禧端坐于灶旁，详问小圆饼饼的底细。老方丈回曰：“人生在世不求仙，五谷百草保平安。此饼是老纳亲自从后山的老松林里采回的茯苓所制，所以我叫它茯苓饼。它不但味道香美，而且治病的功效也很好，自古以来，一直被医家视为净面、润肌的上品，此外还能健脾安神。长期服食，就会使人肌体润泽，延年耐老，面若童颜。”说着，老方丈便将他刚采回不久的一筐茯苓拿给太后看，太后甚喜。

慈禧为了自己食用方便和安全卫生，回宫后立即安排了几位太医和御膳房的名厨，先到法海寺向老方丈考察学习了一番，而后开始试制茯苓饼。不几日，一种更加精美卫生的茯苓饼便呈在了太后的面前。慈祥按照老方丈说的剂量和方法坚持食用，月余之后，不但各种症状一扫而光，而且精力充沛、神清气爽，犹如当年。更让慈禧高兴的是，她的面色、肌肤还有头发，都比以前润泽了许多，眼角部位的皱纹也变浅变少了许多，整体气色也好像年轻了许多。从此，茯苓饼便成了她每日必食的保健食品。

我们今天所见到的北京茯苓夹饼，其前身就是慈禧太后当年食用的茯苓饼。不过，市场上卖的茯苓夹饼，与传统养生用的茯苓饼还是不一样的。养生茯苓饼的制作方法，在《图经本草》中有载：将茯苓研末，浸在酒和蜂蜜中密封月余，就成了味道甘美的茯苓酥。再将茯苓酥制成手掌大小的薄饼即是。

茯苓是千年古松滋生出的一种薯状植物，其本质是寄生在松树根部的一种天然真菌。通常在赤松和马尾松林中方可采到。

松，历来被国人视为长寿的象征，茯苓又是由松之真液而生，受松之灵气而结，所以茯苓一直被中医看做是养颜和延寿的珍品。

其实早在宋朝时，苏辙和苏洵、苏东坡并称“三苏”，是北宋著名的文学家。他年少时体弱多病，夏天因为脾胃弱而饮食不消，食欲不振；冬天则因为肺肾气虚而经常感冒、咳嗽。请了许多大夫，服了许多药物也未能根除。直到苏辙过了而立之年，他向人学习养生之道，练习导引气功，经常服用茯苓，一年之后，以前多年的疾病竟然消失得无影无踪。从此后，他便专心研究起药物养生来，并写了《服茯苓赋并引》一文。文中写道：服茯苓可以固形养气，延年而却老者。久服则能安魂魄而定心志，颜如处子，神止气定。

其实，最好的美食，七分进补，三分佳肴。茯苓饼何尝不是这样？

第三部分

如果,爷爷的爷爷……和奶奶的奶奶……在生活中没有了它们，他们的人生是否少了几许色彩?

一鸣惊人

——双响炮

一个小孩脾气暴
遇火他就往上跳
跳到半空不见了
一群小孩哈哈笑

爆竹作为一种仪式进入人类生活已有两千年的历史。

两千年前，《诗经》中就有“庭燎之光”的记载。“庭燎”是指人们用竹竿做成火炬，竹竿燃烧，发出爆裂的声音。这是名副其实的“爆竹”，也是最原始的爆竹。

迁客骚人用“庭燎之光”给了爆竹一个正义的身份。爆竹便不辱使命地和“邪恶”作了几千年的斗争。

但真正的爆竹究竟是什么时候发明的？至今仍然是个未解之谜。

民国时期出版的《中国实业年志》有个说法：“湘省爆竹之制造，始于唐代，发达于宋末，而发源于浏阳也。”

据此，多数人认为是爆竹发源于唐朝，发明人是湖南浏阳的李畋。唐《异闻录》曾记载，李畋用爆竹为邻居驱邪。

李畋，唐初浏阳人，被后人尊称为花炮的始祖。

据传，李畋是个猎人，他曾向当时的炼丹家、药王孙思邈学习过火药的使用技术。药王孙思邈曾经在浏阳隐居，还留下了不少传说和遗迹，像孙隐山、洗药井、洗药桥等。

话说李畋找到孙思邈，孙思邈给了他一包火药，并告诉他，把火药装在一节一节的小竹筒里，点燃后即可爆裂，发出巨响。李畋回家后，按照孙思邈的方法实验，果真如是。历史上最早的爆竹就此诞生。

用竹筒制作的原始爆竹虽然响亮，但危险性大，极容易伤人。李畋希望加以改进，他苦思冥想，通过不断地实验，终于成功地采用纸筒来包裹火药——两头用泥巴封好，一头插上点火线。这样，真正实用的爆竹就产生了。

李畋用鞭炮的巨大声响和硫黄气味驱散了瘴气，吓走“鬼魅”，被后人尊称为“爆竹祖师”。

为了给祖师爷一个更响亮的名头，民间百姓硬是把唐太宗李世民给拉了进来。

传说唐贞观十九年，洪水泛滥，瘟疫流行，发生了“鬼混唐朝”的闹剧。唐太宗因此精神失常，日不思食，夜不安寝，梦见妖怪捉弄他。御医、名医多方久治不愈，文武大臣忧心如焚。魏征献计下诏全国各地，为皇上除妖消灾。李畋看了皇榜，回家后锯了 100 个两头带节的竹筒，筒内装满硝磺，安上一根引线，便直奔京师而来。4 月 18 日晚，李畋待太宗皇帝斋戒沐浴，单独寝居后，将 100 个竹筒放在太宗寝殿四周，并安排 100 个勇士执香火守候。

子夜时分，正当太宗皇帝拳打脚踢做噩梦时，李畋击鼓撞钟，勇士们同时将引线点燃，霎时间，硝烟四起，爆竹声响个不停，捉住山魈的呼声此起彼伏。太宗皇帝惊醒，披衣而出，见李畋在院内大燃柴火，忙问为何，李畋答曰：“迷害皇上的山魈已被擒获烧死。”

皇帝惊喜万分，顿时精神振奋，病情减退。李畋因为除妖治病有功，被太宗皇帝赐封为“爆竹祖师”，并把 4 月 18 日定为发明爆竹的纪念日。令他回家以爆竹业为生，造福子孙后代。

李畋即在老家上栗麻石以“竹筒实硝磺”的爆竹为业，并逐步把制造爆竹的工艺传给了后代。以后随着火药的普及和造纸业的发展，经过不断地实践，爆竹匠人用纸卷成筒，装上火药、导线，将两头扎紧，将竹筒爆改为了纸筒爆，结成长鞭形，故称鞭爆。以后，爆竹的纸筒用红绿黄各种颜色的纸张包裹，人们便叫它花爆。

烟花爆竹经宋以后几代的发展，逐渐形成某些知名品牌，李畋老家的浏阳花炮首当其冲，江西的万载则尾随其后。这两个地方的花炮经过磨砺发展，已经形成一套精细繁复的制作工艺。

简要说来，有开纸、裁纸、搓筒、糊筒、打角、腰筒、修筒、紧箍、炕筒、封筒、开筒，以至蓄硝、洗硝、炒硝、合硝、舂硝、磨硝、晒硝，进而抹头泥、装硝、塞土、钻孔、裁引、松箍、插引、铡引、结鞭、包装等70多道工序，须经上百番操作，较之其他地区的花炮制作大为不同。

清乾隆年间，浏阳成为“湖南爆竹制造之中心”。咸丰同治年间，“浏阳鞭炮庄号广设于省内各重要口岸，粤、鲁、晋各省帮客纷纷来湘贩运”。当时浏阳有“十家九爆”之说，东、南、西3乡从事鞭炮制造的有逾10万人，城关镇亦有作坊300余家，工人2500多人。

在清末这一时期，浏阳鞭炮声誉远播，产业被推广到邻县。后来，这些邻近地区如醴陵、江西的萍乡等生产的鞭炮也运来浏阳，并且都打上了“浏阳爆竹”的名号，所以，世人只知道浏阳鞭炮。

清光绪初年，浏阳鞭炮开始出口，从上海或港澳转口，远销南洋。到1911年，外销增至4.8万担，价值92.2万两白银，全县从事鞭炮生产的达30余万人。

随后的1933年美国芝加哥万国博览会上，浏阳花炮作为工艺品参展世博会并获得奖牌。浏阳的烟花、爆竹为更多人认识。

江西万载花爆生产历史同样悠久，文字记载至少可追溯至明代，而在清康熙间就形成大量的手工生产，且已成为商品产地。

光绪十年，万载附近还建有别具风情的“爆竹庙”。庙内立有“爆竹祖师”李畋红脸青须的镀金木雕座像。

庙外草坪竖有一根五米高的桅杆，每年农历四月十八日李畋诞辰之际，各爆竹庄家均自动取来本庄质量最佳、个数最多的长鞭爆竹挂于长竿之上燃放。有 30 余家爆竹庄每户起码燃放 1.5 万响，其余庄家也在万响左右。这一天，燃放爆竹在 50 万响上下，一为纪念李畋，二为爆竹庄家做有声广告。观者千余，香味浓郁，烟火悬空，声响暴烈……

从以后，浏阳和万载并驾齐驱成了中国的鞭炮之乡，犹如一只“双响炮”。

1986 年，在摩纳哥焰火赛场上，中国人以独具特色的设计、高难度的造型，凭绝对优势取得第 21 届世界焰火比赛第一名。当地知名的《尼斯日报》为此专门在头版头条撰文，标题就是《明晚，中国让火药发言!》。

参赛的正是来自中国浏阳和万载的焰火、花炮。

刺客帝国

——中国刺绣

日暮堂前花蕊娇，
争拈小笔上床描。
绣成安向春园里，
引得黄莺下柳条。

中国是世界文明古国，也是世界上最早生产纺织品的国家之一，被世人誉为“刺绣王朝”。

中国刺绣起源于3000多年前，传说古代苏州有一位聪颖漂亮的姑娘，在结婚前正在赶制一件新嫁妆，在制作过程中不小心在衣襟上戳了一个洞。她急中生智用彩绒绣了一朵小花，不仅将破洞掩盖住，而且还显得格外漂亮，起到了锦上添花的效果。

中国刺绣源远流长，早已世界闻名，史传黄帝时代就有彩绘花纹的记载。古代原始人类早就懂得用色彩来美化自己。开始时将颜色涂在身上，称“彰身”；再进一步刺在身上，称“文身”；后来就画在衣服上，再发展成绣在服装上。《尚书》说虞舜的衣服有五彩花色，上衣六种花纹，即日、月、星辰、山、龙、华虫；下裳六种花纹，为宗彝、藻、火、粉米、黼、黻，共十二种花纹，称十二章。

目前能看到的刺绣实物最早的当然要数荆州战国楚墓出土的“龙凤虎纹绣罗”，西汉马王堆文物中则有绣花绢绵袍、黄绣花袍，所用绣线极细，是前所未有的。

马王堆刺绣表明，进入秦汉时期后，刺绣工艺已相当发达。史书记载，在前汉武昭之世，就连一般的富人也服用“五色绣衣，缛绣罗纨”，而且坐卧的席子也要“绣茵”，床上帐幔是“黼绣帷幄”“锦绨高张”，甚至死后陪葬的口袋也是“缯囊缇橐”。

民间如此，朝廷贵族更不待言，他们的宫室以丝织藻绣装饰，以至“屋不呈材、墙不露形”，甚至“柱槛衣以绨锦”，其奢侈程度可见一斑。汉代刺绣的空前繁荣，使刺绣的艺术处理又前进了一大步。

明清时期，刺绣技术和生产获得了前所未有的活力，达到了空前的繁荣，进入了中国传统刺绣的巅峰时期。出现了对后世影响非常之大的几个艺术流派，如上海的顾绣、北京的京绣、开封的汴绣、山东的鲁绣等，以及后人誉称的“四大名绣”即苏绣、粤绣、湘绣和蜀绣。

苏绣源于3000多年前的春秋战国时期，居于苏州的吴国人就已运用刺绣装点服饰了。苏绣的发源地在苏州吴县一带，现已遍布很多地区。清代是苏绣的全盛时期，真可谓流派繁衍，名手竞秀。苏绣具有图案秀丽、构思巧妙、绣工细致、针法活泼、色彩清雅的独特风格，地方特色浓郁。具体到绣技，又具有“平、齐、和、光、顺、匀”的特点。苏绣还有一个最重要的优势是，许多绘画高手给它做了推手，譬如唐伯虎。刺绣艺人结合绘画作品进行再制作，内容从人物到宠物，从花鸟到风景，从静物到动物，无所不包。

粤绣是指以广东省广州市为生产中心的手工丝线刺绣。

据传粤绣创始于少数民族，明朝中后期成型。所以，少数民族特色明显：一是用线多样，除丝线、绒线外，也用孔雀毛捻缕作线，或用马尾缠绒作线。二是用色明快，对比强烈，讲求华丽效果。三是多用金线作刺绣花纹的轮廓线。四是装饰花纹繁缛丰满，热闹欢快。常用百鸟朝凤、海产鱼虾、佛手瓜果一类有地方特色的题材。有意思的是，粤绣绣工多是男人，也正因为此，柔美的刺绣中流淌着隐隐的男性气质。

蜀绣又称“川绣”，是以四川成都为中心的刺绣品的总称。产于四川成都、绵阳等地。远在汉代，四川的织锦业就非常发达，还专门设置锦官管理织锦业。最早记载蜀绣的文字，出于西汉文学家扬雄《绣补》一诗，诗中表达了作者对蜀绣技艺的高度赞誉。据文献记载，蜀国最早的君王蚕丛已经懂得养殖桑蚕。汉末三国时，蜀锦蜀绣就已经驰名天下。成都地区因其自然地理条件优越，盛产丝帛，因此蜀锦蜀绣的制作生产“冠于天下”。

湘绣是以长沙为中心的带有鲜明地方特色的湖南刺绣产品的总称，这是一种具有湘楚文化特色的民间工艺。湘绣主要以纯丝、硬缎、软缎、透明纱和各种颜色的丝线、绒线绣制而成。其特点是：构图严谨，色彩鲜明，各种针法富于表现力，通过丰富的色线和千变万化的针法，使绣出的人物、动物、山水、花鸟等具有特殊的艺术效果。在湘绣中，特别注重刻画物象的外形和内质，即使一鳞一爪、一瓣一叶之微也一丝不苟。

刺绣艺术家们手中的针线犹如画家手中的笔墨，通过灵巧的双手在巴掌大小的舞台上挥洒着“刺客”的艺术人生。他们是当之无愧的艺术家。

藏者无疆

——多宝阁

横竖两不等
高低不相齐
错落参差致
隽秀多宝阁

从夏商周到秦汉，中国人崇尚的是简约风格，民风淳朴，人们往往席地而坐。适应这种民风，长期使用的是适宜席地或跪坐的低矮家具。

垂足而坐的家具如椅凳等，是经过魏晋到唐代的演变，到宋代才真正出现的。多宝阁正是这之后才登上大雅之堂的。老百姓的住房宽绰了，在居室里摆上一件多宝阁，会给室内平添几许雅致。而多宝阁所具备的书香气，又让人从中感受到中国传统文化的那种空灵凝重的韵味。

多宝阁，又叫博古架，也有万宝格、百宝格之称。造型古朴典雅隽秀，结构洗练大方生动，线条明快舒展流畅。多宝阁的“格”可多可少，可大可小，可方正可凸凹，错落有致，富于变化。多宝阁本身也是一件艺术品，可分为床榻、桌案、椅凳、箱柜、凭几、屏风等几大类。

多宝阁都是对称的设计，左边有一个空间，右边也有一个同样的空间，并不一顺边。这是多宝阁的一个特征。

对称是中国古典家具的基本原则。多宝阁一般都是成对出现，尽管我们看到过很多单只的，但那都是历史上就被拆散了。如一件清代紫檀“龙凤呈祥”多宝阁，极尽巧工之能事，雕龙琢凤，宛若宫阙殿式之繁缛。花板精雕细琢，集“洪福齐天”“万鹤齐舞”“竹林野趣”“荷塘戏水”等多种主题纹饰，各具神韵，极富装饰效果。格柱仿竹节形，刻画毕肖，清雅俊逸，得自然之天趣，又以琢花铜片包角，更显熠熠生辉。亮格通透，参差错落，摆脱了传统家具横竖连贯的呆板格调。整架通以紫檀木制成，耗料巨大，置于书房、厅堂，尤显堂皇富丽、典雅贵气，与上海博物馆所藏的“清紫檀木仿竹节雕鸟纹多宝阁”有异曲同工之妙，观其形制、纹饰、时代气息，皆十分相似。

多宝阁主要有两个用途：一是具有室内装饰功能，摆几件古玩或工艺品，无疑会增加室内的文化味，另一个功能是用它当隔断。既有品位，又很实用。室内装修不管是什么风格，摆一件多宝阁，可以说是“点睛之笔”，能让居室陡生典雅之气。正因为多宝阁在中国古典家具中的独特文化品位和美学价值，所以自从古典家具回潮之后，被研究中国传统文化的中外学者津津乐道。

然而，多宝阁究竟是怎么产生的？千百年来，居然是谜。

有人经过研究得出结论，说多宝阁的产生，与郑和下西洋有关。

当年，郑和下西洋是做出口贸易，出发时，满船装的是中国的瓷器、丝绸等商品。回来时，船是空的，怕帆船倾斜，要用沉的东西压舱，于是选中了东南亚的紫檀和黄花梨等硬木，这些压舱的硬木料相当重，放在水里往下沉，带回宫里，被工匠们发现，做成了家具，深受当朝皇上的喜爱，沉的家具不但结实耐用，还有一种厚实凝重感，正呼应了皇家渴望江山永固一劳永逸的理念。

明代的家具图录中，没有多宝阁，但有书格和栏架格。书格和栏架格主要是装书的，那会儿的书以线装书为主，一般都是平放。这两种格都不装门，也没后背板，分层而设，双面透空，有点类似上个世纪六七十年代出现的书架。栏架格还装有较矮的栏板，显得高雅别致。这应该说是多宝阁的雏形。

《红楼梦》中描写清代家具的地方有近百处，涉及了多种材质、工艺和形制的床榻、桌案、椅凳墩儿、架格、箱柜、屏风等等，唯独没有多宝阁。但是《红楼梦》中有“集锦子”和“纱橱锦”“碧纱橱”的描写。“集锦子”是清代室内装修隔断的一种，用以陈列各种古物珍玩。常见的式样是下部为柜子，上部为栏杆，中间用横与竖向的隔板组出多种大小不同的方形、矩形的空间，这种隔断设施能够收到较好的室内装饰效果，体现了中国独到的室内处理手法。

故宫宁寿宫保存了清乾隆时代的“集锦子”，在颐和园乐寿堂可以看到晚清“集锦子”实物。它跟我们现在所说的多宝阁基本相同，也就是说，在清代乾隆年间已经有多宝阁了，只不过叫法不同而已。

由于乾隆年间，收藏古玩已成时尚，用多宝阁来陈列和展示藏品自然应运而生。综上所述，可以得出结论：多宝阁产生于明末清初，流行于乾隆年间，它正是由“碧纱橱”和“集锦子”演变而来。

富贵土，壶中求

——宜兴紫砂壶

茶山之英，含土之精，饮其德者，心恬神宁，一杯佳茗，可沁诗脾。

中国人品茶，爱好茶，更需要一种好的品茗的茶具。

中国宜兴的紫砂壶便是这种最具盛名的好茶具。

并不是所有人都了解，宜兴紫砂茶壶其实是一种陶器，而不是瓷器。

宜兴紫砂壶以其独特的陶土功能和卓绝的工艺水平，赢得了“世间茶具称为首”的美誉，为历代品茗爱好者推崇，自古赞语甚多。

苏轼曾经谪居宜兴，尤爱用紫砂壶泡茶，并有词句：“铜腥缺涩不宜泉，爱此苍然深且宽。”据传他设计了一种“提攀式紫砂壶”，被称为“东坡壶”。

除了东坡壶，民间有更多紫砂的传说，相传古时候，某日有一异僧路过宜兴鼎蜀的山村，连呼“卖富贵土”，数日不已。

村民以为痴人，不予理睬。后异僧引几位好事的村民到山脚的洞穴边说："富贵在此中，可自就之。"说完就离去。

于是，半信半疑的村民在洞中掘之，果然挖出大量五彩缤纷的泥土。后来，村民们便以这些泥土烧制成紫砂陶器，行销中外。

又传春秋时期，越国大夫范蠡辅佐越王勾践打败吴国后，谢绝封赏，偕西施乘舟过太湖，迁徙到宜兴鼎山的山村隐居，后见当地泥土斑斓，富于黏性，适宜制陶，便设坊建窑做起制陶的营生，故后人称范蠡为"陶朱公"。这个传说有范蠡当年隐居的村落为证，也有晋宋紫砂陶精品可考，较为可信。以此算来，紫砂壶应该有两千多年的历史了。

一方泥土富一方人，紫砂泥被称为"富贵土"倒是名副其实。

紫砂泥分朱砂泥、紫泥和团山泥三种，烧制时温度稍有高低，产品就会呈现出紫铜、葵黄、墨绿、铁青、棕黑、朱砂黄、海棠红诸色。

紫砂茶壶因其表里不施釉彩，透气性佳，故以紫砂壶泡茶不仅色、香、味俱佳，而且三伏天隔夜不馊。更奇妙的是，嗜茶者往往执紫砂茶壶手抚怀抱，经长期摩挲的壶身越发光润古雅，泡出来的茶味也愈加馥郁纯正，甚至仅仅在空壶里注入沸水，也会散发淡淡茶香。有些老茶客就是喜欢壶中茶垢之味，新壶还要在茶水中煮上许久让它充分入味。

用宜兴紫砂茶壶泡红茶，茶色深酽而味浓醇；若沏绿茶，则茶色碧翠而味清纯。但紫砂壶表面不施釉，材质具有细微的透气性和吸附力，茶香容易被壶体吸收。所以同 把紫砂壶不宜冲泡不同种类的茶品，以免串味破坏了茶汤的纯正。

宜兴紫砂壶的造型千姿百态。大体上可以分自然物体造型、几何形态造型和筋纹器形造型三大类。

自然物体造型取材于瓜果花木、虫鱼鸟兽等形象，融自然之形和艺术之魂于一体，如常见的竹节壶、梅花壶、劲松壶、三友壶、松树葡萄壶等。几何形态造型是从圆形、方形、六角形等基本形态演变而成，线条简单秀丽，富有古朴典雅的魅力，如汉云壶、集玉壶、掇球壶、井栏壶等都是驰名中外的名壶。筋纹器形造型讲究上下、左右对称，用立体线条把壶体分成若干部分，给人以简洁、清逸、含蓄的美感。

紫砂壶装饰独特，艺人往往以刀做笔，在壶身上雕刻花鸟、山水、金石、书法，使茶壶成为集文学、书画、雕塑、金石诸艺于一体的艺术品。如此艺术的宜兴紫砂壶，被外国人称为“红色瓷器”“朱泥器”。

据说，17 世纪宜兴紫砂壶由葡萄牙商人输入欧洲，由于紫砂壶和印第安人所制的陶器“普加乐”极为相似，所以把它叫做“普加乐”，在欧洲各地备受欢迎。从此，源源不断地从中国订购“朱泥器”。

宜兴出口欧洲的陶瓷数量极为可观，并且深得欧人的喜好。当时，紫砂壶销往英、法、德、意等国，称为“西洋生意”。

最有意思的是，因为喜爱者众多，供不应求，出现一壶难求的景象，法国市场甚至出现很多赝品。德国顽主约翰·色特格尔不光酷爱收集宜兴紫砂壶，还抽出大把时间对宜兴紫砂壶进入深入的研究，他居然也加入了山寨大军，成功仿制了“红色瓷器”，并于 1708 年写了一篇文章《朱砂瓷》，足见宜兴紫砂壶的声誉之隆。

善制嵌漆

——江千里螺钿

螺钿妆成翡翠色
紫霞秋澈婺州香
形神俱美开广泰
假寐仍期到醉乡

中国的镶嵌艺术的产生时间比我们想象的要早，夏商周时期就已经有非常好的镶嵌艺术了。

比如夏代二里头文化的镶松石兽面纹的铜饰牌，具体用途不是很清楚，但做得非常优美，松石镶嵌得很满。商代妇好墓里出土了一件著名的嵌松石象牙杯，也镶嵌得非常精美。绿松石是中国古代工艺，尤其是比较远古的镶嵌工艺中常用材质之一。

中国镶嵌艺术最鼎盛技艺其实出现在明朝末年，被称作螺钿。

螺钿，就是用螺壳与海贝磨制成人物、花鸟、几何图形或文字等薄片，根据画面需要而镶嵌在器物表面的装饰工艺的总称。

螺钿的镶嵌工艺技法非常丰富，通常可分为硬钿、软钿与镌钿三大类，其中最著名的是软钿中的“点螺”，又称“点螺漆”。它产于江苏扬州，兴于唐宋，盛于元明，至清初达到炉火纯青的程度。

所谓“点螺”，就是把螺贝制成0.5毫米以下的薄片，并切割成点、丝、片等各种不同形状，一点一点地镶嵌于黑色的漆底上，在光线下能产生奇幻、绚丽的艺术效果，是漆器装饰中的华丽螺钿。

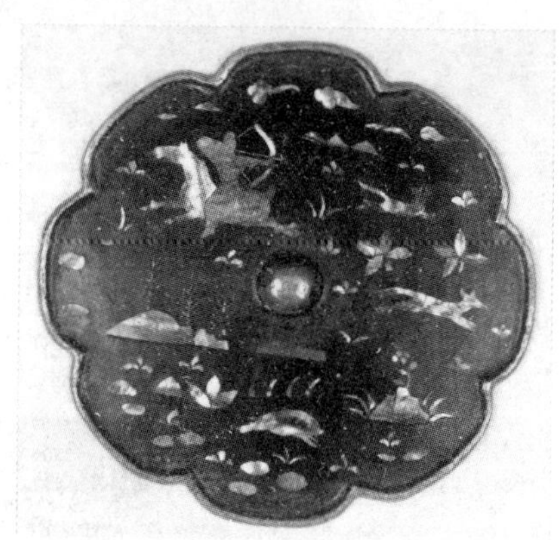

晚明时期，嵌螺钿漆器开始在全国流行，此工艺以制作巨匠江千里的作品最有名，逐渐形成最具影响力的螺钿品牌。

江千里是江苏扬州人，字秋水，史书称他“善镌嵌螺钿漆器，技艺精湛”，清代诗人阮葵生《茶余客话》中也有“江千里治嵌漆……名闻朝野，信今后传无疑也”的记载。

螺钿镶嵌漆器精选河蚌、鲍鱼贝、夜光螺等优质贝壳做原料，采用硬、软螺钿工艺，经过磨制后在漆坯上镶嵌成各种图案，然后再髹漆、抛光等，作品才宣告完成。江千里之所以名动中国，正是因为他是软螺钿镶嵌领域中的顶级人物，其作品精致、美雅绝伦，而且，他还集读书人和手艺匠之大成，使自己作品折射出先进思维，为世人改变境遇提供精神力量。

他的传世作品大多表现自然与灵兽，多见于壶、碗、盒、酒器、笔筒和插屏等，传说中的“杯盘”并不多，尤其是渗透开明思想和诗情画意的人物螺钿则更少。因此，安徽省博物馆收藏的几件江千里人物圆盘可谓难得的精品佳作，这不仅能够让我们充分领略他的冠绝工艺，更能让我们感受到他解析人物特征的独到心智。

史书记载，江千里习惯以文学名著中的人物为题材，形成自己的制盘风格。尤其对反抗封建礼教，忠贞自主爱情的男女主人翁情有独钟。因此，元代剧作家王实甫的《西厢记》、明代剧作家汤显祖的《牡丹亭》成了他的创作蓝本，崔莺莺、红娘、张君瑞和杜丽娘、春香、柳梦梅给了他创作灵感。他的作品都是以黑漆底表现出夜晚的园中景色，图案疏朗有致，基调清雅和谐，景物简中寓繁，人物的服饰及花纹则精心选择不同色彩的螺钿镶嵌，珍珠光泽异彩纷呈，视觉效果令人叫绝，加之悉心的题材领会和工细如丝，人物的五官、姿态、衣纹静中灵动，栩栩如生，使情境如同再造。

千里款墨漆嵌螺钿人物纹盘，黑漆地，木胎。盘口直径为12.7厘米，盘底直径为9.4厘米，高1.2厘米，盘底有螺钿嵌成金色方框和“千里”二字的篆书底款。盘边沿有小波纹和春草纹，盘心嵌螺钿图为四周梅树、花团、假山、栅栏，庭院草地的条案上置书一叠，一位佳人捧信阅读，神情专注，面带羞涩；一丫鬟手托茶盘伺立于侧。用鲜艳五色彩贝螺嵌镶出的绿树、青草、红花、佳人和丫鬟的头部、五官、红晕、髫发、衣褶，每个细节都展现了螺钿工艺的精湛，不同角度视之，便随光线变幻色泽。

到了清代以后，江千里，尤其“千里”这两个字，就变成一个品牌。许多名贵的螺钿器皿上都嵌有“千里”两个字，苏浙甚至有“家家杯盘江千里”之说，但实际上并非江千里所做。

事实上，明代晚期资本主义萌芽产生时，品牌意识非常强烈，导致当时大量工艺品很难区分是不是他本人所做。说白了，当江千里的作品形成一个固定风格，在社会上有了一定品牌价值的时候，就一定不是他一个人在生产了。

福特发明了汽车，但不是所有的“福特”都是出自福特之手。大概就是这个道理吧。

点滴有神

——景泰蓝

泛着蓝光的物件
号称中国四绝之一
它是深宫大殿里的华服
它是工艺品世界的皇帝

景泰蓝作为北京文化的一个代表，历史悠久、技艺精湛、传承有序，是北京传统工艺的重要组成部分，它与牙雕、玉雕、雕漆一并被誉为北京工艺美术行业的“四大名旦”，蜚声海内外。

景泰蓝，工艺上称为“铜胎掐丝珐琅”，历史上称为珐琅器。珐琅又称“佛朗”“发蓝”，这是一种源自西方的工艺，大约在元代从西亚的阿拉伯地区传入我国。它表面那种金碧辉煌、富丽华贵的艺术效果深得帝王权贵的赏识，明清二代在宫内均设有专门机构，明代是“御用监”，清代为“造办处”，皆设“珐琅作”专门生产供皇室使用的金属珐琅器，从明宣德、景泰一直到清代康、雍、乾、嘉庆时期。因皇室烧造金属珐琅器在明景泰时走向成熟，且以蓝色为基调，所以世称景泰蓝。

现在虽然烧制珐琅器各色具备，但仍沿用了景泰蓝的称谓。因为景泰蓝已变成了这种工艺的标志，而不只是颜色的名称。

景泰皇帝为宣德皇帝之子，据说宣德重视铜器以及铜质的冶炼，景泰幼年时耳濡目染印象深刻。只是当时宣德炉的工艺已达到顶峰，不可能再有新的突破。于是，这位景泰皇帝另辟蹊径。他本人酷爱铜胎掐丝珐琅的工艺品，不但参与器型图案设计、选择颜色，甚至把生产作坊建在了紫禁城里。正因为皇上喜欢并亲力亲为，这种铜胎掐丝珐琅器的制作在景泰年间得到了巨大发展，尤其是蓝色釉料有了新的突破，有淡白微绿的天蓝、有琉璃般凝重的钴蓝、有蓝宝石般浓郁的宝蓝，多层次的蓝色都被用来做底色，烧成后清新雅丽、高贵华美。

景泰所有御前陈设无不用景泰蓝制作，种类繁多不胜枚举，凡瓷器所能烧制的器物，珐琅器也无不尽有。成化时期宫内景泰蓝的烧制几乎相当，所以景泰蓝的器物在景泰和成化两朝最为常见。其后虽延续烧制，可是都因循守旧，在质量上已不能与景泰和成化年间媲美。这种状况一直延续到明末。到清朝乾隆时期，景泰蓝的制作迎来了它的最高峰。这时期的景泰蓝严格规定只有皇家可以使用，只有少量用于封赏二品以上大员及颁赐给大德高僧、寺庙作供奉之用。

这时期的景泰蓝与明代相比，追求艳丽，纹饰复杂，图案喜庆吉祥、题材丰富，广泛用于宫殿的摆设与实用器皿的制作。要特别指出的是，偶有一些署有康熙、雍正年款的铜胎掐丝珐琅器物，通过仔细考究我们会发现与乾隆时所烧制器物没什么不同，实际上应该是乾隆制造的掐丝珐琅器上署了康熙、雍正的年款，并不真是康雍朝烧制的。

珐琅器依其特点可分为四种：掐丝珐琅、錾胎珐琅、画珐琅和透明珐琅。

掐丝珐琅：就是当年的鬼国嵌，我们现在俗称的“景泰蓝”。其制作方式是以细而薄的铜丝片掐成各种图案粘于铜胎上，在其内外充填各色釉料，入窑烧制至珐琅釉以适当厚度覆盖器表，经打磨、镀金而成。

錾胎珐琅：古称“佛朗嵌”，是在较厚重的金属胎体上经减地雕刻使纹饰轮廓线凸起，在减地下陷处根据需要填充各色珐琅釉料，经焙烧、打磨、镀金而成，其图案线条粗犷，庄重醇厚。传世作品较少。

画珐琅：是用单色珐琅釉直接涂在金属胎上作地子，再依设计用不同色彩的珐琅釉描绘人物、风景、花卉等图案，经高温烘烧，出窑后磨光镀金而成。因此工艺是清康熙时由西方传入广州、后至宫廷烧造，故在广州也称为“洋瓷”。

透明珐琅：亦称“广珐琅”，俗称“烧蓝”，是指在金属胎上用锤揲、浮雕、阴刻纹饰的方式，有的还饰以金、银片，然后涂以透明珐琅釉烘烧而成，以蓝、绿、紫色为多，这种工艺是利用珐琅釉透明半透明的特性，使器物装饰图案产生不同的艺术效果。

中国有句很有哲理的老话：“他山之石，可以攻玉”，即使这种以金属为胎填敷珐琅釉料烧制而成的作品是舶来品，但在中华民族博大精深的艺术土壤上，也很快就融会了中华民族的传统风格，成为中国工艺美术史上一颗璀璨的明珠。

好鞋进军好莱坞

——回力鞋

一双鞋子
引发一段传奇
洋溢着暖意
是对童年的回忆
更是一种生活感悟

这是时尚史上一个丑小鸭变天鹅的真实故事。在国内有着40多年历史，售价仅20多元人民币的“臭球鞋”——回力鞋，却成为欧美潮人争相购买的“尖货”，在欧洲，它的身价至少翻了25倍，达到让人惊愕的50欧元（约500元人民币）。不仅如此，最权威的时尚杂志ELLE法国版还为它“著书立说”，它的“粉丝”横跨演艺圈和时尚圈。

继中国蛇皮袋被国外时尚品牌克隆后，中国球鞋再度创下时尚界的一个奇迹。

前不久，主演过《指环王》《加勒比海盗》的男星奥兰多·布鲁姆亮相位于曼哈顿的《纽约，我爱你》片场。身穿墨绿大外套的他脚上一双球鞋尤为“雷人”，这正是中国球鞋——“回力”。随后，奥兰多换了造型，裤子由浅色换成深色，可对脚底那双雪白的回力球鞋仍然不离不弃。在奥兰多的带领下，越来越多的好莱坞明星开始穿这一来自中国的“臭球鞋”。

把镜头移到巴黎街头，一群年轻人从 brooklyn 店（法国一家多品牌连锁店）走出，他们穿着入时，但脚上都穿着一双来自中国的“古老”品牌　　回力球鞋。

说起来，回力鞋的“回力”颇具传奇色彩。

数年前，法国人派特斯·巴斯坦在上海街头无意中发现了回力，把它推广到海外，当初签署协议时，中方代表还对这位老外报以怀疑的目光，因为在地摊上只需 12 元一双的回力鞋，早已成为淡出人们视线的老“古董”了，一位老外竟然想到国外卖上 50 欧元！

当时没人会想到，数年后，这双鞋在欧洲会火得一塌糊涂。很快，这个牌子开始被时尚圈关注。回力鞋开始引申出各种系列款式，套系的命名大多来自中国武术，比如经典款叫“少林精神”和“螳螂”、“龙尘”、“猴爪”等，2011 年还推出了高帮的少林系列。

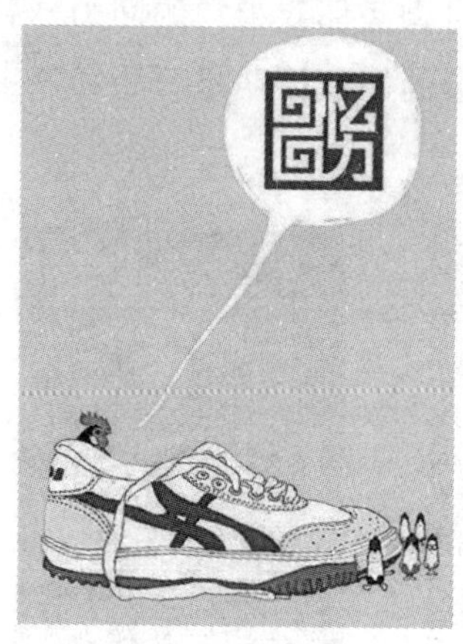

中国“回力”球鞋在国外卖出“天价”的消息被法国留学生发表在内地网站上，网友们惊呼：“怎么会这样！”不过也有越来越多的网友开始反思，为什么地道的中国货在外国人手中却变得如此时髦和畅销？说白了，多年来，回力鞋的质量无可挑剔，丝毫不比外国品牌逊色，也许，印证了那句老话，外来的和尚好念经吧。中国人是这样，外国人同样是这样。所以，回力才会杀出这一出潮流回马枪。

“回力”鞋厂的前身其实是一家老字号轮胎厂——上海正泰橡胶厂，也是中国民族橡胶行业中创办最早的企业之一。创办时间是在上个世纪 20 年代。

正泰橡胶厂从 1927 年至 1933 年间经历了诸多风险，1933 年的灾变几乎把正泰橡胶厂推到了破产的边缘。次年，正泰橡胶厂却奇迹般地站立了起来，在未来发展的征途上见到了依稀的曙光。1935 年 4 月 4 日，新商标“回力”牌的问世更令人耳目一新。

回力商标的创意源于英文“WARRIOR”，意为战士、勇士、斗士，由此将“WARRIOR”谐音才得来“回力”中文商标名，而“回力”含寓“回天之力”，喻指“能战胜困难的巨大力量”。

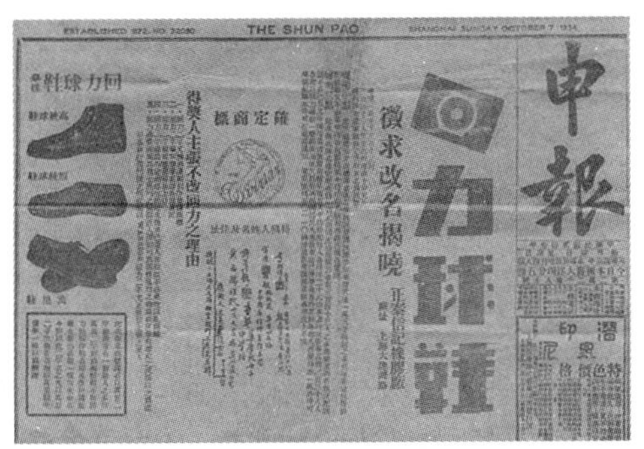

当时的回力牌球鞋是一种高腰儿的篮球鞋，底子很厚，有三公分左右，内侧有个半月形的红色标志，内踝骨位置有一块公章大小的白色圆形皮子，是一个做健美运动的男子压模图案。回力球鞋有蓝、白两种颜色，价钱在十块钱左右，虽然不贵，但在当时的条件下，能穿上这样的球鞋，也绝非是一般家庭都能办得到的。甚至到了上世纪七八十年代，出生在乡下的孩子能够拥有一双回力牌球鞋，仍然是梦寐以求的事。

正泰橡胶厂还大力支持民族体育事业，它曾经建立“回力”篮球队。这支篮球队逐步成为上海篮球场上的劲旅，转战大陆及香港各地，不仅扩大了“回力”的声誉，也让中国的篮球运动得到了推广。

从三四十年代一直到七八十年代的40年间，回力牌球鞋对青年人之影响，绝对不逊色于现如今的耐克、李宁、阿迪达斯。

只是没有想到，轰轰烈烈，红极一时，又沉寂一时，最后居然在好莱坞杀了一个回马枪，胜利归来，也许这就是回力这个品牌最值得玩味的“回力”故事吧。

铜刀为笔

——安顺蜡染

铜刀为笔
蜂蜡为墨
布上写生
技艺神秘

在苗族地区很多地方都流行有《蜡染歌》，代代传唱叙述着蜡染的起源故事。传说是这样的：很久很久以前，有一个聪明美丽的苗族姑娘不满足于衣服上的单一色彩，总希望能在衣裙上染出各种各样的花卉图案来，但她一时间，又想不出什么好的办法来，终日为此闷闷不乐。

这天，姑娘又看着一簇簇一丛丛的鲜花发愣，办法没想出来却不知不觉睡着了，朦胧中有一个漂亮的花仙子把她带到了一个百花园中，花园中有无数的奇花异草，鸟语花香、蝶舞蜂忙，姑娘在花园中看呀看，看得入了迷，连蜜蜂爬满了她的衣裙也浑然不知。等她醒来一看，刚才是睡着了，可是低头再看，花丛中的蜜蜂刚飞走，而且在她的衣裙上留下了斑斑点点的蜂蜡，很不好看，她只好把衣裙拿到存放着靛蓝的染桶中去，想重新把衣裙染一次，试图覆盖蜡迹。

染完之后，又拿到沸水中漂清浮色，当姑娘从沸水中取出衣裙的时候，奇迹出现了，深蓝色的衣裙上被蜂蜡沾过的地方出现了美丽的白色的花纹，姑娘心头一动，立即找来蜂蜡加热熬化后用树枝在白布上画出了蜡花图案，然后放到靛蓝缸中去染色，最后用水熔掉蜂蜡，布面上就出现了白色的漂亮花纹。哇，染缸中居然出现了印花布，姑娘高兴地唱起了山歌。

人们听到了姑娘的歌声，纷纷来到她家听她讲述百花园的梦境，观看她染出图案，学习她描花绘图的技艺，大家回到自己家里后，照着姑娘教给的方法，也都染出了花样繁多的花布，从此，蜡染技术就在苗族及与之杂居的布依、瑶族等兄弟民族之间流传开来了。当然，传说不是历史，但却能反映出劳动人民诠释文化的心路历程。

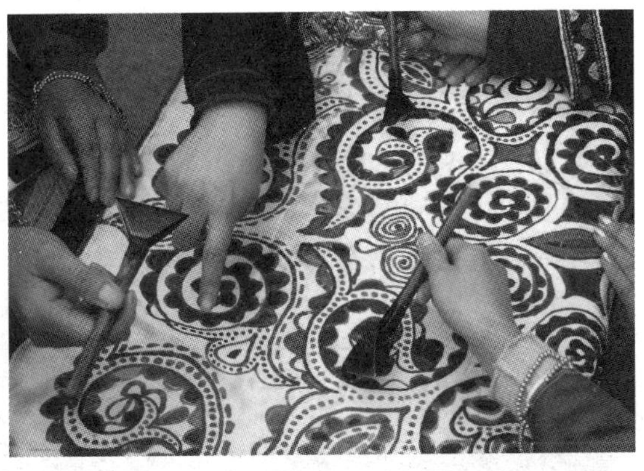

蜡染工艺在我国西南少数民族地区尤其是贵州少数民族地区广泛流行，而贵州安顺苗族地区的蜡染最为出名。

安顺蜡染是一种古老的防染工艺，古称“蜡缬”，因用蜂蜡作防染剂而得名，距今已有两千多年的历史。《礼记》记载，春秋战国的楚国还设有主持生产靛青的“蓝尹”二官，足见当时的丝织染色工艺已颇具规模。

从传世的和出土的蜡染实物看，蜡染在唐代是盛行的。盛行之地就是在古代的安顺，而古代的安顺就是成语“夜郎自大”中的夜郎国。

安顺蜡染有安顺特有的蜡染布，是在布匹上涂蜡、绘图、染色、脱蜡、漂洗而成。在染制的过程中，蜡白布的表面会产生自然龟裂，从而往白色坯布渗入染料而着色，出现许多或粗或细无规则的色纹也叫龟纹，这些龟纹就是区别真、仿蜡染布的标准。因为任何仿蜡染布设计进去的“龟纹”都是有规律可循的，而真正的蜡染布往往难以寻找，也找不出完全相同的龟纹来。

安顺蜡染绘制蜡花的工具不是毛笔，而是一种自制的钢刀。

因为用毛笔蘸蜡容易冷却凝固，而钢制的画刀便于保温。这种钢刀是用两片或多片形状相同的薄铜片组成，一端缚在木柄上。刀口微开而中间略空，以易于蘸蓄蜂蜡。根据绘画各种线条的需要，有不同规格的铜刀，一般有半圆形、三角形、斧形等。

至于点蜡的方法，是把蜂蜡放在陶瓷碗或金属罐里，用火盆里的木炭灰或糠壳火使蜡融化，便可以用铜刀蘸蜡作画。

安顺蜡染是照着纸剪的花样确定大轮廓，然后画出各种图案花纹。浸染的方法，是把画好的蜡片放在蓝靛染缸里，一般每一件需浸泡五六天。

第一次浸泡后取出晾干，得到浅蓝色。再放入浸泡数次，得到深蓝色。如果需要在同一织物上出现深浅两色的图案，便在第一次浸泡后，在浅蓝色上再点绘蜡花浸染，染成以后即现出深浅两种花纹。

传统的安顺蜡染一般都是蓝白两色。如今也流行起彩色蜡染，彩色蜡染有两种方法：一种是在白布上画出彩色图案，然后把它“蜡封”起来，浸染后便现出彩色图案；另一种是按一般蜡染的方法漂净晾干以后，再在白色的地方填上色彩。安顺蜡染所用的彩色染料，是用杨梅汁染红色，黄栀子染黄色。但是传统的蓝白色依然是最受欢迎的主流。

也许，蓝靛的基调，是自然风华沉淀出的色泽，是蔚然质朴的民风，蓝底上的亮白镂空，像千百万年高悬于夜空的那轮幽冷的月，悠悠然洒下斑驳陆离的清辉，静默凝望着世事的变迁；龟裂的“冰纹”，是岁月蹉跎镌刻下的印痕，是绝无仅有的标签，那丝丝深浅错落的裂痕，像一双双护佑神灵微瞑着的穿透历史的眼。

泥魂绕梁

——天津泥人张

长嘴不开口
长脚不会走
脸儿不能洗
一洗就变丑

清朝光绪年间，慈禧太后听说民间有一个很著名的彩塑艺人，名叫张明山，就召他进宫捏泥人。张明山将黏土掺入棉花，弄均匀之后，捏制出栩栩如生的古代人物像。慈禧太后看了，不禁连声叫好。从此以后，慈禧太后常常叫他进宫去为她捏泥人。因为他姓张，人们就叫他“泥人张”。

张明山的成功并不是偶然的，为了成为一个彩塑家，他不知付出了多少心血。1826 年，他在天津出生。由于家境非常贫穷，他只念了三年私塾就辍学了。8 岁那年，他帮助父亲制作泥塑玩具，然后沿街兜售。13 岁时，他便开始从事彩塑制作。

小小年纪的张明山，平时除了读书写字之外，也常常到处去观察人们的神态，研究庙宇里的古代雕像和石刻，以提高自己的制作水平。经过长时期的刻苦学习，他捏泥人的技术有了很大的进步，不但人物的塑造惟妙惟肖，甚至连人物的性格、思想和感情，都能表现出来。

由于张明山的名气越来越大，所以很多人都慕名而来，请他捏人像。他们都很尊重张明山，把他当艺术家看待。当时，一个地方上颇有势力的流氓，也要张明山给他捏个像。张明山就抓住他的神情特征，以细腻的手法，把那流氓的丑恶嘴脸，塑造得活灵活现。人们看了，都赞不绝口。

张明山的泥人，有民间故事中的人物，也有小说戏曲中的角色，有表现劳动人民现实生活中瞬间的形象，有正面人物，还有反面人物。他的作品具有浓厚的趣味性。

例如他塑造的《蒋门神》，就非常传神。蒋门神像通高只有 11 厘米，人头不过蚕豆大小，却是有个性而令人可憎的形象，生动地呈现在读者眼前。只见这个流氓恶棍，双手背在身后，蛮横地腆着肚皮，一副霸悍相，他如同一头狰狞的怪兽，随时随地都可能向人施发狂暴。青筋露起的脖颈，满面杀气的面孔，眉目上挑，嘴角下撇，把一个恶霸刻画得淋漓尽致。

泥人张对反面人物的刻画，表现了对恶势力的揭露和抨击。这个蒋门神不是肖像写生，但造型比较准确，塑法娴熟有力，充分体现了作者高度的写实能力。泥人张善于在泥塑中运用绘画技巧，使泥塑单纯雅致，富于装饰趣味，作品透出一种明快清新的气息，也表现了弃恶扬善的道德意义。

泥人张彩塑属于室内陈列性雕塑，一般尺寸不大，高约 40 公分左右，可放在案头或架上，故又称为架上雕塑。

他所用材料是含沙量低无杂质的纯净胶泥，经风化、打浆、过滤、脱水，加以棉絮反复砸柔而成“熟泥”，其特点是黏合性强。辅助材料还有木材、竹藤、铅丝、纸张绢花等。

“泥人”彻底干燥后要入窑烘烧，温度要达 700 摄氏度左右，出窑后经打磨、整理，方可着色。

张明山的彩塑艺术一代一代地传授下去，到现在已经传到第五代了。其中，第四代传人张铭和张绒两兄弟，在 1958 年创办“泥人张彩塑工作室”，把张家的独特技艺传授给家族以外的人，进一步把泥塑艺术发扬光大，为国家培养了一批又一批的彩塑人才。

张家五代人的作品都具有独特的风格，在国内外享有崇高的声誉，世界各大博物馆也争相收藏他们所捏制的彩塑作品。

甜蜜有心人

——马大吹糖人

那是一份淡忘已久的欢乐与惊喜
一个个晶莹剔透的糖人
总是会唤起尘封已久的童年记忆

“拨浪鼓儿风车转，琉璃咯嘣吹糖人”，曾几何时，看“吹糖人”是一种快乐，玩“糖人”是一种幸福。

吹糖人儿祖师爷是明朝开国功臣刘伯温。据说朱元璋为了自己的皇位能一代代传下去，就造“功臣阁”火烧功臣。刘伯温侥幸逃脱，被一个挑糖儿担子的老人救下，两人调换服装，从此刘伯温隐姓埋名，天天挑着担子走街串巷。

在卖糖的过程中，刘伯温创造性地把糖加热变软后制作各种糖人儿，有小鸡小狗什么的，煞是可爱，小孩子争相购买。在路上，许多人向刘伯温请教学吹糖人儿，刘伯温一一教会了他们。于是，这门手艺就一传十、十传百，传到现在据说有600多年的历史了。

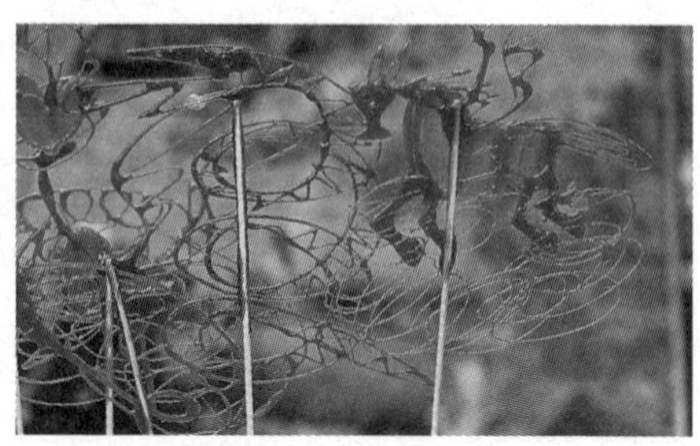

其实，“吹糖人”手工创作技艺源远流长，据资料记载，早在宋朝时期，就有河南开封“吹糖人”手工技艺在民间流传，在当时的都城东京，不管是街巷村野的普通百姓，还是宫廷的达官贵人，家中孩子都喜欢形态各异、栩栩如生、活灵活现的“糖人”。

到了民国时期，河南省滑县老店乡艺人把吹糖人的名气渐渐地传播起来，现在马谦堂已经是“吹糖人”的第三代传人，也就是现在大家耳熟能详的“神嘴马大吹”。

早年间，做这种生计的人是挑着担子走街串巷的，集市庙会更是少不了他们的身影。马大吹也不例外，担子的一头是一个小柜子，床头柜般大小，两边钉有一个长方形的木框，框中间的铜环上拴着根短绳头，用来穿扁担。柜面上放一个圆木盘，上面画着宽窄不等的由圆心向外呈辐射形的格子，里边写着“葫芦”“大公鸡”“关公”和“猴子”等等。木盘中心有一个固定在线轴里的转杆，长度比木盘的直径要短一点，转杆的顶头垂着一根小针，转杆停止转动时，小针指着哪个格子，就得哪个奖，奖品越大格子就越窄，命中的几率就越低，最大的格子就四个字：糖豆两颗，那糖豆比围棋子儿还要小。

圆木盘底下有个抽屉，拉出来是一块大理石板，用来画糖人的。柜子右上角有个洞用来插草把子，不管是吹还是画的糖人都插在上边。

另一头担子的样子差不多，但没有面板，只是一个小炭火炉子支着一口铜锅，里边熬着糖稀，再下面有几个抽屉用来放原料、工具、竹签和木炭。

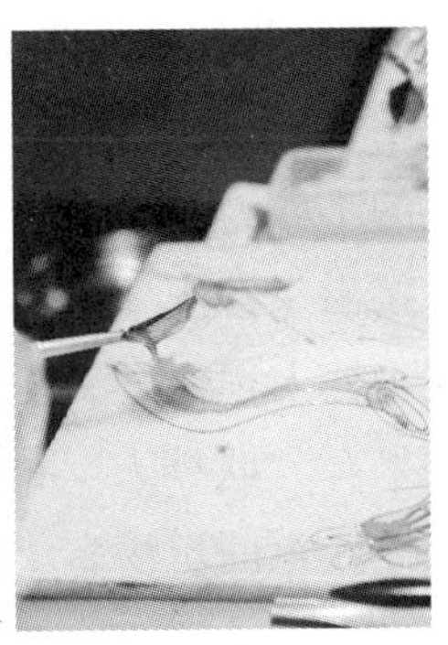

马大吹既吹糖人又画糖人。与吹糖人相比，画糖人要简单一些，先用油毡子在大理石板上轻轻蹭一下，一把很精致的小铜勺舀上少许糖稀，微微倾斜着糖稀就缓缓流出，紧接着手往上一提就成了一条糖线，随着手腕的上下左右地翻飞，一个个或人物或动物或花卉就出现在大理石板上，待得凉了定型，用糖稀在糖人身上点两个点，边吹边转着圈，同时双手或捏或拉或拽或扯，那糖块便像气球一般，渐渐地胀了起来。然后，把竹签朝上一贴就拿起来了，一会儿工夫，一只只活灵活现的猴子或公鸡就趴在他的手上了，没法说的神奇。

清末民初，每逢村里支戏台子唱戏时，总会有位吹糖人的老人前来支摊，戏还没有开始，吹糖人的摊子前早已围满了观看的人，多是小孩儿。孩子们瞪得滴溜圆的大眼睛，对老人有说不出的佩服，每当一只“公鸡”或一个“猪八戒”在老人的手里像变戏法一样呈现时，孩子群里都会传出一阵阵喜悦的笑声，然后缠着大人给买。

在上世纪 80 年代初，走街串巷吹糖人的为了让生意好做，糖人可以不必用钱来买，而是用牙膏皮来换。几支牙膏皮可以换一个孙猴子或是其他的小糖人。这一着颇受儿童欢迎，常常有小孩子把家里没有用完的牙膏挤出来，用牙膏皮去换糖人吃，即便挨打也觉着甜滋滋的。

过去糖人很便宜，在不富裕的时候是儿童很喜爱的玩物。那时，家门口如果有“吹糖人”的，便会围满了小伙伴。

如今儿童的玩物多了，糖人不再是单纯哄孩子的东西了，“糖人”挑子也早已被人遗忘，在街头巷尾难觅踪迹。对于现在的孩子来说，“糖人”已是个陌生的名词了。但对于三四十岁的中年人来说，每当看起晶莹剔透的糖人，总是会唤起尘封已久的童年记忆，那一份淡忘已久的欢乐与惊喜。

糖人记录着人们内心最纯正的、最真挚的、最热情的审美情趣，见证着一个时代的幸福和甜蜜。

刀剑笑

——蒙藏利刃

十年磨一剑，霜刃未曾试。
今日把示君，谁有不平事？

精美绝伦的蒙古刀延续并记载着蒙古人的勇敢、智慧和辉煌的历史。

蒙古有这样一个传统，蒙古族男儿不光要有“三艺”（摔跤、骑马、射箭），而且还必须要有一把好刀。这象征着男儿像钢一样坚强，性格像刀刃那样犀利。

作为蒙古人威震欧亚时期的战刀，蒙古刀确实大有来头：

当年，成吉思汗的马队举着弯刀冲击敌人几乎成为一个标志性的画面。其实，早期的蒙古人不是用弯刀，而是用契丹人常用的长刀，后来在与西亚的交易中，他们接触到了风靡阿拉伯半岛的阿拉伯弯刀，有心的蒙古人没有像汉族、契丹、女真那样，因为阿拉伯刀太轻和不合手而将其弃于战争之外，而是认真研究了弯刀受力上的优点，又结合了长刀的厚重和朴刀的锋利，改进材质和锻造方法，引入汉族的热处理技术，于是削铁如泥、令人胆寒的蒙古弯刀诞生了，至成吉思汗时期蒙古部队的弯刀几乎可以砍断所有对手的刀剑，为蒙古的兴盛起到极大的辅助作用。

但是，沉重的弯刀也存在一个致命缺陷，挥舞这样的刀会消耗很大体力，而且速度也不会很快，于是，明朝仿效汉朝克制匈奴的战术，采用轻快而锋利的较短刀剑，配以近身战术，结果获得大胜，使用厚重弯刀的蒙古武士无法抵挡已经抢入怀中的轻快而锋利的刀剑，伤亡极大。

历史上有名的“蓝玉大战集宁”，就是一场典型的肉搏战，很多蒙古武士仅砍出一刀，结果已被对手连刺数刀，5 万精锐被蓝玉 1 万 8 千人杀光，于是弯刀也就渐渐退出战场。

虽然退出了战场，但是蒙古刀所代表的勇气一直回荡在蒙古男人的心底。蒙古刀仍旧在一代一代流传着，而且越做越精细。

蒙古刀刀身一般采用优质钢打制，长十几厘米至数十厘米不等。刀柄和刀鞘有钢制、银制、木制、牛角制、骨头制等多种，表面有精美的花纹，有的还填烧珐琅，镶嵌宝石。近年研制生产的驼骨彩绘鞘蒙古刀成为工艺珍品，畅销海外。

在蒙古人心目中，蒙古刀是上天所赐的圣物，因此它会带给拥有蒙古刀的朋友好运和平安。

藏族生活在我国西部藏、甘、青、川、滇等地，同样是一个强悍尚武，有着悠久历史和文化传统的民族。

公元7世纪初，唐朝建立统一政权，在西藏高原，藏族历史上著名的英雄人物松赞干布建立了西藏历史上的第一个统一政权——吐蕃王朝。松赞干布重视与唐朝的往来，先后两次派遣大臣赴唐请婚。当文成公主入藏时，唐王除陪嫁大量珍宝外，还以典籍300种、营造与工技著作60种和大量工匠等作为嫁妆，其中即包括冶炼师和刀剑工匠。这些工匠带来的先进技术，对吐蕃冷兵器制造业的发展起了很大作用。

藏族冷兵器是在盛唐的影响之下奠定了基础。从藏族长刀来看，其造型大多脱胎于唐刀——直刃、单锋、圆弧刀尖，并有着刀背起脊线、复合锻造等诸多特点。这些特点在日本刀上也有体现，说白了，唐刀是藏刀和日本刀共同的鼻祖，由于藏族后来没有和中原地区发生大的战争冲突，也未受到强敌入侵，在兵器外形上并没有受到太多的外来影响，基本保持了古时的风韵。

藏族的钢铁工艺是随着日常生活用具的需求而发展的。到吐蕃第二十九代赞普赤聂松赞时期，藏族金属冶炼和加工已经达到了相当高的水平，不仅能从矿石冶炼中提取银、铜、铁等金属，制作矛、盾、剑、刀

等武器，而且还能在湍急的河流上架设铁桥。

宋朝《梦溪笔谈》还记载了藏族的钢铁工艺的独特方法：刚锻造时铁甲很厚，不用火而冷锻，锻到比原厚少三分之二乃成……

简单点说，藏族就是利用金属的冷变形以提高金属硬度和韧性，这是硬化金属的重要方法。到了宋朝时，藏族的冷锻技术已经非常先进科学，所以，兵器制造也是非常精良的。

十年磨一剑，今日把示君——这一示不光是削铁如泥的利刃，更是战无不胜的勇气。

时间王国的太空舞蹈

——飞亚达钟表

一双筷子好奇怪
一只长来一只短
只要将它手上拴
上学吃饭不用慌

中国人一次次仰望太空，一次次进入太空，一次次取得长足的进步。

太空恶劣的环境，不仅是对人体极限的考验，更是对精准计时的挑战。敢于迎接这种挑战的才是时间的强者。

20世纪初，经过重重检测，来自中国深圳的飞亚达钟表从众多腕表品牌中脱颖而出，开始为中国航天员提供执行飞行任务用表和地面虚拟训练用表。

……

2012年6月，神秘莫测的宇宙，增加了一丝细腻与柔美，神舟九号发射，我国第一位女航天员进入太空，铿锵玫瑰盛开在浩瀚星空。

神舟九号中共有3位航天员，他们与在轨运行的天宫一号目标飞行器进行载人交会对接，之后进入天宫一号工作和生活长达10天左右。

在这10天中，女航天员独有的细致与敏锐，令本次任务更圆满顺利。而飞亚达航天系列腕表，再次作为此次飞行任务的腕上辅助计时装备，记录了他们太空探索的全部历程。

零重力，零压力，超强辐射，一只手表将会有什么样的作为？飞亚达究竟有什么过人之处，可以超越太空束缚？

对航天员而言，时间就意味着一切！所有太空任务都有着缜密的时间计算；与地球指挥中心时间同步，是完成太空任务的安全保障。

面对太空严苛的环境，飞亚达制表师历经3年的悉心钻研，为神舟七号舱外航天服表研发了飞亚达首枚复杂计时机械机芯。

机芯采用手动上链方式，以摆脱太空零重力限制，确保了腕表在失重状态下的精准运作。

针对航天员执行任务的特殊计时需要，飞亚达全球首创“特征计时”功能，以45分钟为单位，并以蓝、绿两色扇面警示任务完成进度。

别具匠心的AM/PM指示功能，方便航天员在混沌的宇宙中仍能准确读取地球时间。

防磁指数高达国标的十倍，耐温差范围达到±80℃，居于国际表坛先锋地位……

卓然超群的航天计时装备，使飞亚达在专业领域脱颖而出，即使面对空寂玄奥的宇宙太虚，也足以履行时间所托付的精准承诺。

在对航天制表工艺的不断探索中，飞亚达绝对是当之无愧的进取者。多年的太空探险，使得飞亚达航天系列已成为世界航天计时中不可忽略的贡献。在深邃的宇宙中，它不仅多次随护航天员完成执行任务计时，更是见证了这与时代共存的飞天梦想，见证了其向前迈出的每一步。

如果没有过去的瑰丽想象，哪来这一刻令世人瞩目的飞翔？

从古至今，有多少人，想象过这片未知的星空。当时间流逝、渴望依旧，唯有超群的技艺和实力，才能让这份梦想实现。当古老的“飞天”神女与现实中的女航天员叠加在一起，飞亚达航天系列的女表有了最恰到好处的灵感，从而催生出世界首款可适用于太空环境的手工掐丝珐琅航天女表。

工艺师在银质底盘上以24K黄金线精妙掐丝，勾勒出来自敦煌壁画的曼妙“飞天”形象，而作为主背景的纯黑色珐琅面，如夜幕一般深沉宁静。整个表盘，仿佛飞天神女翱翔于浩瀚夜空；表盘上铭刻有神舟系列火箭的代号——“飞天”两字，这一刻，古老的飞天梦想与现代科技实现了完美碰撞。

从神舟五号开始，飞亚达即为中国航天员们提供专业计时腕表。历经神舟五号中国首次载人飞船发射、神舟六号凯旋、神舟七号中国航天员首次太空行走、神舟八号，以及神舟九号手动对接天宫一号的太空探索……无论是在漫长而艰苦的训练过程中，还是在无重力的太空环境中，飞亚达航天系列腕表始终与中国航天员们时刻相伴、执著前行。在飞亚达人看来，腕表记录的不只是时间，而是实现梦想的旅程。只要珍存内心真实的梦想，并朝着这个梦想矢志前行，未来就在不远处。

众里寻它千百度

——洛阳宫灯

众里寻他千百度
蓦然回首
那人却在
灯火阑珊处

这首辛弃疾的《青玉案》，写的是正月十五夜观洛阳宫灯的情景。

说宫灯，自然得先说灯。而灯，不外乎随火而来，有了火，就有了将它保存下来的愿望，有了让它长明不熄的需求，于是也就有了将火遮盖起来的举措——灯，随之出现了。

也许灯出现时，属于奢侈品，只有皇家专用，或者皇家所用的精巧别致，与普通人家的粗劣大不相同，于是便有了专属的“宫灯”之称。

到了东汉，相传开国皇帝刘秀，统一中国后定都洛阳，为了庆贺自己一统天下的丰功伟业，传令在宫廷里大摆宴席，宴席中点缀盏盏宫灯，争奇斗艳，明晃晃，闪烁烁。

这应该是有关洛阳宫灯最早的较为详细地记述了。此时的宫灯还是在皇宫里，并未走进民间。

让洛阳宫灯走出皇宫的，是汉明帝刘庄，也就是刘秀的第四子。他在位时，印度佛教刚刚传入中国，但发展迅猛，上至皇公大臣，下至走卒贩履，无不虔诚皈依。此前一直占统治地位的道教着了慌，为挽回颓势，提出要和佛教斗法。

东汉永平十四年正月十五，洛阳白马寺的南门外，东边和西边各搭一个高高的法坛，道教这边500多个道士全副武装，佛教那厢只有竺法兰和摄摩腾两个人。先论辩教义，两个时辰后，道教败北。

佛教大获全胜，声名大震，汉明帝兴高采烈，下旨全国范围内弘扬佛教，还要求在每年的正月十五夜，家家户户要悬灯礼佛。从此，洛阳宫灯从皇宫走入民间，从洛阳走向全国，并与正月十五“灯节”紧紧地结合在了一起。

转眼到了隋朝，洛阳宫灯异彩又放，隋炀帝杨广在大业二年（606年）正月和大业六年（610年）正月，为了显示国威，招待少数民族首领，曾下令两次调集民间艺人进京，于是天下奇术异能、歌舞百戏，云集洛阳。正月十五日，洛阳端门外和建国门内一带，处处张灯结彩，从昏达旦，整整热闹了一个月。

唐朝时，洛阳为东都，灯节时间定为3天，这3天内，家家灯光，处处烟火，无论男女老少，尽情游玩。元稹的《灯影诗》“洛阳昼夜无车马，漫挂红纱满树头。见说平时灯影里，玄宗潜伴太真游”，说的就是这样的情形。

说到唐玄宗，洛阳宫灯里还有一段传说。《太平广记》载，唐玄宗在正月十五日夜晚，于上阳宫内大摆彩灯，光照宫室，明如白昼。当时，东都有个工匠叫毛顺，心多巧思，利用彩绸打结，做成灯楼20间，楼高150尺，上面悬挂金翠珠玉等物，微风吹来，铿锵悦耳，又以灯光照射，呈现出龙螭虎豹飞腾跳跃的形状。富丽堂皇可以想象。

后来，宋朝定都开封，洛阳为西京，灯节时间更长，灯会规模和灯制形状也越来越多，种种奇思妙想被匠人融入到制灯中，真是琳琅满目，光耀天下。

宋朝的灯节，比唐朝多了两天，在正月十六之后加了两日，一直延续到正月十八。就在这延至5日的灯节中，产生了一首千古不朽的爱情杰作，这就是欧阳修的《生查子》：“去年元夜时，花市灯如昼。月上柳梢头，人约黄昏后。今年元夜时，月与灯依旧。不见去年人，泪满春衫袖。”

催生这一首美丽诗歌的，就是这洛阳的宫灯，因为欧阳修曾于仁宗天圣九年任西京留守推官，与梅尧臣、尹洙结为至交，互相切磋诗文。

到了清代，洛阳已远离国都，随着政治经济地位的下降，灯节规模比以前也大有缩减，但仍很可观。

洛阳人逛灯，除图个热闹喜庆之外，别有另一番深意。老辈人讲，洛阳旧俗有“逛灯节，消百病”的传说。所以在旧社会，一到正月十五，街上观灯的人山人海，就连平时不出门的大家闺秀、姑娘小姐，也一改往日矜持，三三两两走上街头，看灯赏灯，以求吉祥如意。

洛阳宫灯，品种上分为四大类，四大类中又各有若干小类，大大小小，形形色色，共同构成了绚丽多彩的洛阳宫灯世界。勤劳的洛阳人民在长期的实践中完善了宫灯的种类，也丰富了自己的生活，更显现了自己的与众不同。

洛阳宫灯最大的一个“与众不同”，就是可以在用时撑开，不用时合上，伸缩自若，收藏方便，因此深得社会各阶层的喜爱。

不过，旧时洛阳宫灯并不像现在所见的灯笼，全国各地一片红。传统的洛阳宫灯，红颜色的很少，除了一些有特定用途的，比如还愿灯，还有一些玩灯为红色外，多为白绢或白纱做面。大约现在制灯，只为观赏，红颜色符合人们的审美需要。旧时更注重实用性，白灯更亮照得更远，灯面题字，看得清，还看得远。

据传，1894 年，慈禧携光绪帝途经洛阳，见洛阳宫灯张合自如，很是喜爱。随行官员回京后口口相传，便专门派人到洛阳购灯，由此引发当时洛阳宫灯制造业的兴旺。时至今日，这项精彩的传统工艺仍在民间传承流淌。

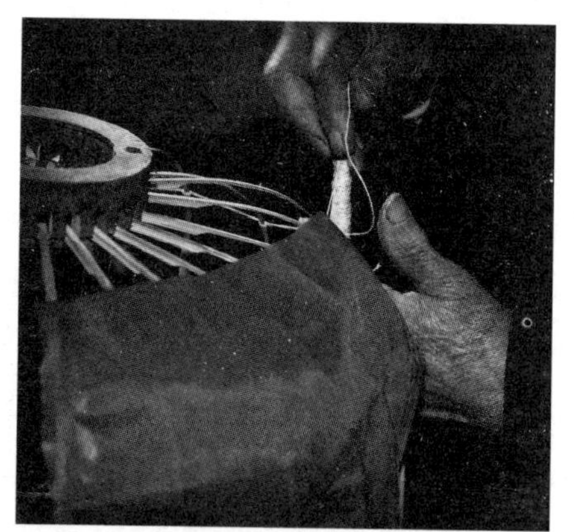

洛阳宫灯在匠人的巧手和奇思妙想下成形，放光，流向四方，纵然随着历史的潮流或明或灭，飘摇不定，但无论如何，在洛阳一册册翻过的历史中，宫灯无疑占去了极其重要的一页。

它们在历史的长河中闪闪烁烁，美不胜收。

它们绝不是故纸堆里的陈腐玩意儿，而是堂皇的国之大器，更是凝练的民族之魂，历久弥新……

八世纪文明之光

——黄氏“雕龙手”

一撇如刀
一捺如锹
点如瓜子
勾象鹅瘤

中国是发明造纸和印刷术最早的国家。公元前一世纪，已有纸张出现，二世纪初，蔡伦改进了造纸方法。但是，当时书籍全靠人们在纸上抄写来传播，所以产量很有限。我们祖先经过了长时期的钻研，到了八世纪前后，又发明了刻版印刷术。几百部几千部的书一次印成，书籍的生产量，比过去手写本时代，向前跃进了一大步。

早期的刻版印刷术，是广大市民阶层传播文化的有效工具。民间需要的歌曲、日历、韵书，就首先出版流通。唐朝时白居易的诗，人民大众都喜欢歌唱它，因此版刻较多、流传较广，有人甚至拿白居易诗的印本来换酒喝。

版刻对文化的推进作用由此可见一斑。

到了后来，版刻有了一个很有气魄的别称“雕龙手”。其实，“雕龙手”是人们对安徽歙县虬村黄氏刻工的一种誉称。

明代万历至崇祯时期，依靠徽商雄厚资本和徽籍文人士绅的强力支持，徽州刻书业兴盛，徽派刻书成为当时最具影响力的一大流派。徽籍书商遍及大江南北，伴随书商应运而生的徽籍刻工更是数不胜数，其中最著名的是歙县虬村黄氏刻工。

黄山脚下的古徽州是一方盛产文明的沃土，明清时期曾是全国四大雕版镌刻中心之一，驰名中外的徽派版画就发源于此。徽派版画的刻工，往往也是画家，深谙绘画意境，刀法技高一筹。

明代万历年间徽州版画最盛，逐渐形成完整的徽派版画体系。这其中，歙县虬村黄姓刻工人才辈出，故当时人曰：“徽刻之精在于黄，黄刻之精在于画”。

虬村黄氏刻工世代相传，雕刻技艺精湛绝伦。明天顺四年（1460年），黄文敬、黄文善、黄文斌等刻《新安文粹》十五卷附录一卷，是已知现存最早著录黄氏刻工姓名的图籍。此后，黄氏刻工镌刻大量图书，有黄文敬、黄文汉的《雪峰胡先生集》，黄应泰的《帝鉴图说》，黄鳞的《养正图解》……黄应先的《元曲选》、《琵琶记》……

就这样，歙县虬村黄氏刻工以 姓之技倾倒大江南北，在中国刻书史和中国版画史上都留下了光辉业绩。鼎盛之时，黄氏一族差不多有几百名刻工。

徽派版画代表性传承人黄肇祖先生，就诞生在虬村这片神奇的文化沃土上。

黄肇祖出生在1936年，是黄氏版刻世家第三十八世传人。他6岁启蒙于黄家祠堂，深得老师器重。12岁毕业即跟随父亲学习刻版治印，受“雕龙”技艺熏陶。

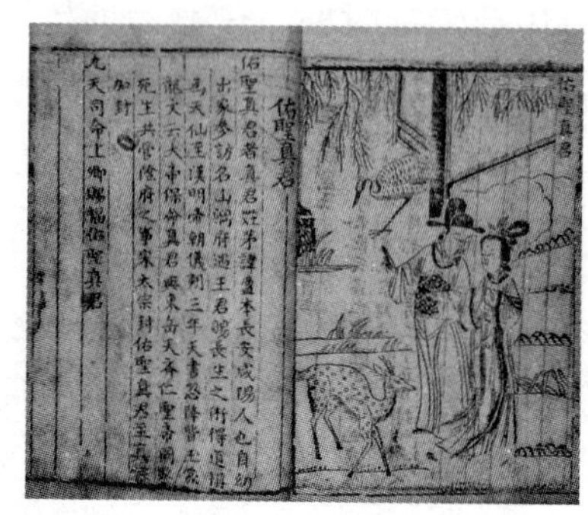

新中国成立前，镌刻世家与灾难深重的祖国的命运一样，黄氏家族只能把镌刻技艺作为谋生的手段，颠沛流离，餐风饮露，四方卖艺为生。后来，在歙县徽城镇中和街开设一爿十几平方的刻字铺，取名“立本堂”，其中就有少量佛像佛经刻版业务。到“立本堂”接班的黄肇祖，从练字开始，逐渐到自行写反字、布画稿，每日从100字逐渐加码至150字、200字、300字，循序渐进，打下了扎实的基本功。

黄肇祖从艺60年，一生刻版治印数以万计，现存他创作的小幅版画百余幅。他在木刻技法上有着显著的特点。

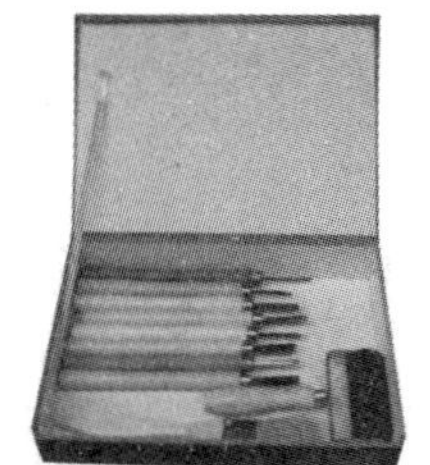

木头有直筋、横纹的差异，如何顺其脉络用力，如何下刀、拉线、剔刀、打空，都有其技艺诀窍和要领；刀法上黄肇祖也总结出一套口诀，“一撇如刀、一捺如锹”，“点如瓜子、勾象鹅瘤”。

譬如“心”字三点，从左到右为腰子点、瓜子点、兔眼点，每个点的刀法都不一样，不同的刀法发挥不同的作用，产生不同的艺术效果，握刀运刃如同书法国画握笔运锋，要练意传神，其意不到则锋刃不到，刻出的字画就没有精神。

手中的刻刀，倾注了黄氏几十代刻工的多少感情。一刀一凿、一笔一画，黄氏“雕龙手”仍在继续绘刻着灿烂辉煌的华夏文明的新画卷。

烈火有情

——唐三彩

在窑烧的火焰里
用心煅烧
燃烧着千年的秘密
燃烧出釉彩的华美
在素色的胚胎里
用三彩的颜色
勾勒出如生的神态
展开了一幅唐风的锦绣

唐三彩是中国陶瓷发展史中的一枝奇葩。其绚丽的色彩和丰富生动的造型，使今天的人们对于盛唐的社会经济文化的景况和盛唐人的精神追求充满遐想。

所谓三彩，是指用氧化铜烧成的绿色、氧化铁烧成的黄褐色、氧化钴烧成的蓝色，并用铅做溶剂，演变成黄、赭黄、深绿、翠绿、天蓝、褐红、茄紫等斑斓绚丽的色调。这些色调敷设在用精致的陶土烧制的造型各异的马、骆驼、胡人、女俑、奇兽及各种器物上，富丽堂皇，美轮美奂！

唐代是中国历史上最具开放性的时期之一。丝绸之路带来的马、骆驼、金银器，以及从丝绸之路走来的胡人，都成为大唐贵族生活时尚中不可缺少的内容。大唐人不仅生前享受这些盛世升平，生后也希望延续甚至光大这种享受。所以崇尚厚葬的唐人就用唐三彩制器寄托他们的追求：这些健硕的马和骆驼、健壮的胡人、美丽的女俑，比现实还要多彩，象征着往生比今生更奢华！

唐三彩的鼎盛时期为唐开元天宝年间。这时期的三彩马、骆驼、胡人、女俑等产量大，品质高，色彩绚丽，造型多样，结构准确，逼真传神。所以唐三彩的代表性器型就是马、骆驼和俑。唐三彩的马短尾丰臀，雄壮奔放；骆驼头颈高扬，举重若轻；人俑则表情生动，姿态传神。女俑面部丰腴，但身材颀长，匀称高挑；镇墓武士和镇墓兽则面部狰狞，孔武刚劲。盛唐以后，唐人的随葬风气变化，唐三彩逐渐式微。

唐三彩和其他的中国陶瓷器不同之处在于，它少有日常用具，而多是寄托着人们精神追求的艺术创作。这就使它具有天然的艺术感染力。所以，它一被发现就广受青睐。

上世纪八九十年代，随着国内盗掘古墓之风的泛滥，众多唐三彩精品被盗运国外，唐三彩一时成为中国陶瓷艺术品国际市场的翘楚。

直到本世纪初，唐三彩精品在纽约、伦敦的拍卖会上仍会以几十万到一百多万美金拍出。近年来，由于中国政府和欧美有关国家对盗掘走私文物的活动进行联手打击，唐三彩的国际市场流通受到限制，其价格大幅下降。许多从事唐三彩经营的欧美古董商，现在苦于囤储，无法出货，但唐三彩的艺术魅力仍然时时令人回味。在伦敦古董店的橱窗，往往在最重要的位置摆放一尊唐三彩制品，以示经营品位的高雅。

历史和艺术的内涵，使唐三彩充满魅力。同时，唐三彩的制造工艺也影响了后来中国制瓷艺术的发展。随着唐王朝的衰灭，三彩的工艺向北流传，出现了辽金三彩。其制器从以冥器为主转化为以制作日常用具为主。

直到明代，釉上三彩或五彩等制瓷工艺在官窑瓷器制作中得到高度发展，皇家甚至禁止民间烧制彩色瓷器。不用红色，只以黄、绿、紫、蓝为主的彩瓷制作工艺则被称作素三彩。这种工艺在清康熙时期达到顶峰。目前的市场价位从几十万到几百万不等。

时下市面常有制作唐三彩或素三彩赝品牟利者，但在工艺上特别是在艺术品位上与真品鲜能相近。这些赝品的主要纰漏在于工艺和艺术品位。

从工艺上讲，唐三彩的胎体细腻，釉面与胎体结合紧密，釉色清亮，开片自然；赝品则胎质粗松，釉色混浊。素三彩胎质坚密，胎体刻画自然流畅，色釉沉着稳定；赝品则色釉与胎体结合不自然，颜色俗艳。最重要的是，唐三彩或素三彩所特有的时代气息和艺术思维，不是一般作假者能企及的。

无论是唐三彩还是后来的素三彩，都是在胎面和釉面进行色彩搭配的二次工艺制作，这在技术上和艺术上的要求非常高。唐三彩富丽堂皇，素三彩则典雅高贵。这些都是中国制瓷艺术追求的高境界。

心扉两端

——闲话屏风

以木为框
糊以绛帛
纵广八尺
以蔽内外

屏风是古时建筑物内部挡风用的一种家具，又叫屏门或屏障，是古人生活中不可缺少的器具，在古典家具史上占有重要的地位。屏风的诞生，开始是专门设计于皇帝宝座后面的，称为“斧钺”。它以木为框，上裱绛帛，画了斧钺，成了帝王权力的象征。《史记》中也记载：“天子当屏而立。”经过一段漫长时间的发展，屏风开始普及到民间，走进了寻常百姓家，成了古人室内装饰的重要组成部分。

我国古代的屏风，制作工艺精湛，融合了浮雕、透雕、彩绘、镶嵌等手法，把山水花鸟、神州传说、金石墨宝、男女人物、飞禽走兽、民俗风情图案巧妙地移植在屏风上。到了明清时期，屏风制作工艺已达到十分完美的阶段，并形成了极具个性的时代特色和民族风格。就其功能而言，除了挡风、障蔽视线和分割空间之外，还象征着威严和权势。

屏风一般陈设于室内的显著位置，起到分隔、美化、挡风、协调等作用。它与古典家具浑然一体，相互辉映，相得益彰，成为家居装饰不可分割的整体，呈现出一种和谐、宁静之美。“屏风”一词让人感觉很有诗意，它营造了一种似隔非隔，似断非断的宁静空间。

屏风分为座屏风和曲屏风两种。

座屏风又分多扇组合和独扇插屏。多扇座屏风由多扇组合而成，或三扇，或五扇，最多九扇，有规律地用单数。每扇用活榫连接，可以随时拆卸。屏风下有长榫销，插在座面的孔中，屏风上有屏帽连接；底座多为“八”字形，正中一扇较高，并且稍宽一些，两边扇稍向里收，这样屏风就立起来了。这一类屏风多数被放在正厅靠后墙的地方，然后在前边放上宝座，在古代皇宫里，每个正殿都有这种陈设。

独扇屏又名插屏，一般为单扇插在一个特制的底座上。插屏的形体有大有小，差异很大，大的有 300 厘米多高，小的却只有 20 多厘米。在居家摆设中，一般较大的插屏是放在挡门处，使人一进门不会有一览无余的感觉，同时还能起到挡风遮光的作用；而小一点的插屏则可以放在桌子或案子上，是纯装饰品。

曲屏风是一种可折叠的屏风，也叫“软屏风”。它与硬屏风不同的是不用底座，且都由双数组成。最少两扇或四扇，最多可达数十扇。有以硬木做框的，也有木框包锦的，包锦木框木质都较轻，屏心也和带座屏风不同，通常用帛地或纸地刺绣或彩画各种山水、花卉、人物、鸟兽等。一般说来，带座屏风较重，曲屏风较轻。

据《天水冰山录》记载，明代大奸臣严嵩的抄家物资中，大小各式屏风竟有389件之多。至于清代屏风，我们通过故宫、颐和园等地大量藏品中可以领略出中华屏风文化的博大精深。古典名著《红楼梦》中也多处描写各种型制、材质和工艺的屏风。如第七十一回描写贾母八十大寿，贾母因问道："前儿这些人家送礼来的共有几家有围屏？"凤姐儿道："共有十六家有围屏，一面是泥金'百寿图'的，是头等的。"还有"大红缎子缂丝屏风'满床笏'"。

另据相关资料了解，清代皇宫使用的大型座屏风，被看做王权的象征物而受到统治阶级的高度重视，收藏在北京故宫中的“紫檀雕云龙纹嵌玉石座屏风”，是清代屏风的代表。这类象征王权统治的皇宫座屏风，精湛极其工艺，充分衬托出了皇家的特殊审美情趣。

这里，还要特别谈一下出土文物中的屏风。湖北隋县曾侯乙墓出土的战国时期漆木雕座屏，雕刻有蛇、蛙、鹿、雀等动物以及彩漆描绘的花纹图案。在马王堆出土的大量汉代漆器中，就有油漆彩绘屏风，长方形，下有足座承托。山西出土的北魏时期的人物故事彩绘屏风，更是图文并茂。

此外，我们从浩如烟海的史料、典籍、诗词、绘画中，可以发现很多关于屏风的描绘。例如五代顾闳中所绘《韩熙载夜宴图》长卷，就是以屏风和床榻，将画面分割为听乐、观舞、休息、清吹、送别五个场景。

可见，屏风像一缕缕斩不断的清雅之风，从古一直吹到今。

君不见　斜相念

——八仙桌

八月十八号，早上八点钟，乘上八路电车，跑到八仙桥……坐上八仙桌，吃了一碗腊八粥。吃了八宝饭、再吃八珍糕……

这首上海儿歌中藏着一个很有意思的宝贝——八仙桌！

八仙桌，系指桌面四边长度相等的、桌面较宽的方桌，大方桌四边，每边可坐两人，四边围坐八人，故民间雅称八仙桌。

相传以前，布依人家办喜事，没有桌子，吃饭时只能用木头或石板摆在外面地下吃，大热天，晒得满头大汗；雨天，淋得周身湿。一天，一家接媳妇，中午摆饭时太阳变得火热起来，蹲在地上吃饭的亲戚朋友们个个被晒得满头大汗，但刚摆了两轮，天上乌云滚滚，下起瓢泼大雨来，地上的饭菜被雨淋得吃不成。大雨刚过，来了一帮人，自称是这家远方亲戚，一人骑驴，一人拄拐共八人，见地上的饭菜被雨淋得吃不成，来吃酒的亲戚们也被淋得不成样子，便问主人家，为何不摆在屋里吃。主人说，石板太重，不便搬动，木头在屋里又顺不转，只能在外面将就些。几位远方的“亲戚”问明缘由后，一合计，决定为好客的布依人家创造一个好的办酒环境，让亲戚们能舒舒服服地坐在屋里吃饭，不遭日晒雨淋。于是几位“亲戚”叫主人把地下的饭菜收进灶房，又叫亲戚们把淋湿的衣服换掉，暂时不要到堂屋来。等亲戚们换好干衣服再来到堂屋时，只见几位远方来的“亲戚”已在堂屋摆上了一大排整齐的木方桌，四周还放上木条凳，请亲戚们按每桌八人坐下吃饭。主人见状后，激动得不知说什么好，只是一个劲地请几位“亲戚”到加“伸脚”的那一张桌坐下吃饭，嘴里不停地念：“我的天哪，你们真是神仙哪!”嘴里念着，手上摆酒菜，等将酒菜摆齐后，几位“亲戚”突然不见了。这时所有的亲戚都感到奇怪，说他们可能就是仙人，有心来帮我们布依人家办好事的。据说这几位“亲戚”确实是天上的张果老、铁拐李等八位仙人。

后来布依人家就称这种桌子叫八仙桌，凡是办酒或亲戚朋友来，都用这种桌子摆饭吃酒。为了纪念八仙的功德，平时有好酒、好吃的东西，布依人家都要摆在加“伸脚”的八仙桌上，表示对八仙的祭祀。

传说还有另一版本：八仙结伴云游天下，有一天，路过杭州，听人说杭州有个画圣吴道子，就一齐来拜访。吴道子正在家中作画，忽见这么多客人来访，原来还是八仙，连忙上前把他们迎进房内，搬椅子倒茶忙了一通，海阔天空地谈论起来，不知不觉天已暗了下来。吴道子想：难得八仙光临，要招待他们吃饭，吩咐下人准备酒菜。可是这么多人没有一张大桌。吴道子灵机一动，大笔一挥，画出一张四角方方的桌子。正好够坐八个人，高高兴兴地吃喝起来。吕洞宾问吴道子：“吴先生这张桌子倒很实惠，叫啥名字?”吴道子想了想说：“我为你们而作，干脆叫八仙桌吧!”

到了清朝，八仙桌的造型已基本完善，分为有束腰与无束腰两种形式，有束腰的工艺是，在桌面下部有一圈是收缩进去的，而无束腰的即四腿直接连着桌面。至清代时，八仙桌大部分改成带束腰的，腿有的也改成了三弯腿，牙板加了很多如拐子龙、浮雕吉祥图案等装饰性的部件，美观性很强，做工很精巧。

从传统分类上来看，八仙桌应该属于几案类家具，而几案类家具的历史至少可以追溯到周朝，周朝时的几案称为俎，多用于祭祀，案的名称在周代后期才出现，桌子的名称在五代时方才产生。

现在可考的八仙桌至少在辽金时代就已经出现，明清盛行，尤其是清代无论是达官显贵还是平头百姓，几乎家家都可以寻到八仙桌的影子，甚至成为很多家庭中唯一的大型家具。

从结构和用途上讲，八仙桌的流行存在着很大的必然性。普遍认为在大型家具中，八仙桌的结构最简单、用料最经济，也是最实用的家具。其使用方便，形态方正，结体牢固。亲切、平和又不失大气，有极强的安定感，这也使得八仙桌成为上得大雅之堂的中堂家具。无论厅堂装饰得典雅还是简单，甚至粗糙，只要空间不是特别逼仄，摆上一张八仙桌，两侧放两把椅子，就会产生非常稳定的感觉，如一位大儒，稳定平和。

最美中国红

——醴陵陶瓷

吻过火苗的嘴和脸
在泥土造型中脱俗出来
让血液的气味通过窑炉和烟火
浸透最美的中国味

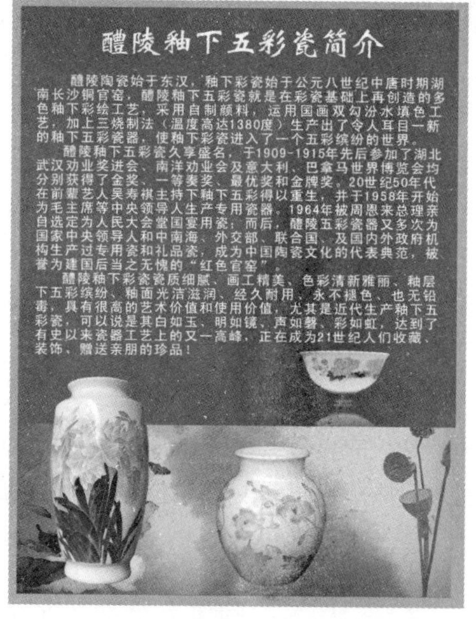

在英文的表达中，“China”意为中国，还有一个意思是陶瓷。铁证如山，陶瓷已经成为中国千百年来的形象代表。

醴陵是一座自古就充满现代气息的南方城市，也是我国著名的瓷城，自古就有“天下名瓷出醴陵”的美誉。

自古以来，醴陵陶瓷就有“白如玉、明如镜、薄如纸、声如罄”的声名。新中国成立之后，醴陵陶瓷更是受到开国领袖毛泽东的青睐，也由于为毛泽东特制陶瓷器具，有了更多的名称，譬如“红色官窑”、“毛瓷”，不过最好听的一个却是这个——“最美中国红”。

醴陵陶瓷与其他地方的陶瓷有什么不一样，它的独特工艺釉下五彩到底是什么样的技艺手法呢？这其中有很多背后的故事。

醴陵陶瓷最醒目的标志是：毛泽东生前的生活用瓷。当然，也包括他身后的用瓷，比如说毛泽东纪念堂里面陈设的一些艺术陶瓷和陈设瓷。陶瓷的来源基本上有三个批次，第一批是 1958 年毛泽东用的盖杯。

第二批是 1971 年 9 月为毛泽东制作的一批生活用瓷，这批生活用瓷主要包括菜碗、饭碗、盘子、小碟子，比如说毛泽东主席喜欢吃湖南的腐乳，往往就用小碟装着。

最有意思的是毛泽东用的鱼盘，非常与众不同。按照要求，当时这些盘类、碗都要求加盖，一般老百姓家用的碗很少是加盖的，特别是鱼盘很少加盖。瓷器椭圆形的东西不好做，盖子要吻合难度更大，所以鱼盘会显得怪怪的。原来，毛泽东用餐时间很不正常，有时候饭做好以后他顾不上吃，菜又凉了，热了几次以后他还没有来吃。所以，工作人员就想一个主意，把碗都加盖，让它保温。

毛瓷包括毛泽东纪念堂里面的用瓷，都用了湖南特有的一种原料，叫做球泥。球泥分为两种，一种是大球泥，一种是小球泥，球泥产生于湖南溆浦县叫做黄毛园乡的地方。球泥非常珍贵，挖出来的时候就是一个一个球，然后把这个泥打开，里面有一个黑色的壳，把这个壳掏掉，把它加工以后就可以了。

毛瓷在工艺控制上非常严格。比如说泥坯入窑的时候，在入窑之前要用秤去称，一件一件都要称，每一样都要达到一定要求才能入窑烧成。不合格的，重量没有达到要求的，都不能进行下一道工序。前一道工序要控制后一道工序的质量，如果前面做得不合格，后一道工序的时候看出来了就要把它打碎。要经过 70 多道工序，每道工序都是这样控制的，但是对于大多数人来说，他们并不知道是为毛泽东做瓷器，只知道是一个很重要的政治任务，必须保质保量完成好。

其实，醴陵最出名并不是毛瓷，而是釉下五彩瓷器，它代表了中国瓷艺的顶尖水平。清朝光绪三十三、三十四年间，湖南瓷业学堂研制出黑、蓝、红、褐、绿五种高火釉下彩颜料，醴陵从此烧制出名扬天下的釉下五彩瓷。

1915 年，醴陵釉下五彩瓷在巴拿马太平洋万国博览会（旧金山世博会）上一举获得金奖而蜚声中外。

釉下五彩瓷器名称听起来很拗口，其实是指在釉下用多种色料彩绘，色彩丰富，具有特殊的艺术效果。有三种烧制方法，第一种是在泥坯上彩绘后低温素烧，然后上透明釉，再入窑高温烧成；第二种是在素坯上彩绘后用低温焙烧，然后罩透明釉高温烧成；第三种是在釉面上彩绘后喷一层薄釉，入窑后高温烧成，其成品瓷质细腻、釉色晶莹淡雅。

民国七年，醴陵瓷业遭北洋军阀蹂躏，制瓷机具被毁，生产停顿。醴陵釉下五彩瓷器基本停止了生产，数千瓷工失业，技工流散，技艺濒于失传。

直到新中国成立后，醴陵釉下五彩瓷像枯木逢春一样获得了新生。釉下彩料也由历史上的五种发展到现在的红、橙、黄、绿、青、蓝、紫、黑、白、灰等几十个品种，几乎涵盖所有色系，加上各种复合色，目前已有百多个不同色相的彩料用于釉下彩装饰。

我们可以从无数流传至今的陶瓷中看到中华民族的成长历程，看到中国人婉约深沉、纯朴自然而又慷慨激昂、豪迈大气的情怀。陶瓷本来就是泥胎，是陶土的一部分，只是红色的火焰让它散发出最美的光彩。

“笔”触心魂

——李渡毛笔

内唯胎发外秋毫
绿玉新裁管束牢
老病手疼无那尔
却资年少写风骚

李渡在上世纪80年代以前是著名的“毛笔之乡”，毛笔制作历史有2000年的历史。李渡毛笔，素以制作精湛、刚柔相应、书写自如、经久耐用等特点驰名中外。

晋代著名书法家王羲之任临川内史时，曾构思一文，数日未得一字。某日，其友登门造访，送来清远制“纯净鼠须”毛笔一枝。羲之甚喜，怀笔伏案酣然入睡，朦胧间，梦见手中毛笔开花，光彩满室，醒后，文思如涌，挥笔成文。为此，他给这支笔取名为“梦笔生花”。

“梦笔生花”后一直成为李渡毛笔中的著名品牌。

唐代著名书法家颜真卿，任抚州刺史时，对清远毛笔爱不释手，有时竟达到“每临池作书，非清远笔莫属”的地步。他曾为清远制笔人题写“书香传百世，笔劲扫千军”的对联一副，并有署名。此联后被李渡北田“文远堂毛笔作坊”主人收藏。如此珍贵的历史文物在民国三十一年（1942年）日军窜扰李渡北田村时，随全村房屋化为灰烬。时为上海《大公报》记者的桂梦荪曾为此作文，表示惋惜之情。

名人效应必然使李渡毛笔闻名于世。王勃的“光照临川之笔”一句，是赞羲之之才，还是赞清远之笔呢？应该是仁者见仁，智者见智吧。但以“梦笔生花”为品牌的“梦生笔店”（李渡东桂人所开）倘若不是因为连年内战和日寇侵凌之故，就怕真的要实现他个人的理想了：“全国有几多邮局，我就要办几多笔店！”最终，“梦生笔店”在全国各地开设了46家连锁店，成为江南三大名店之一。

其实，李渡毛笔的制作技术来自陕西。当时有咸阳人郭解和朱兴，由中原流入江西，在李渡一带（当时称为清远）传授毛笔的制作技艺。李渡的毛笔工人尊奉秦时的大将军蒙恬为祖师，相传毛笔就是蒙恬发明的。

秦始皇兼并六国一统天下以后，决定修筑万里长城，以抵制北方游牧民族的骚扰。大将军蒙恬督修长城的时候，曾把工民宰杀羊只时丢掉的羊毛绑在柳条棍上，浸上石灰水，用来号编民工居住的工棚茅舍。这样，最初的毛笔——“柳条笔”就诞生了。由于柳条笔书写起来速度快，而且制作方便，比起刀刻竹筒的办法来，真是一大进步。因此，很快就在当时的秦国首都咸阳城内风行起来，并且迅速地得到了改良和发展。以后，李渡一带的人兼收并蓄，整合出选拣毛锋、兼齐顿压、确定笔形等一整套制作工序，使毛笔质量有了很大提高。使用李渡工序制作的毛笔，又称为“管成子”或“中书君”。

李渡毛笔取材于狼尾、马毛、羊毛、鸡毛、兔皮和蓉麻等，麻毛混杂，相辅相成。它不但笔头似笋，腰扣如鼓，毫光毛齐，锋口有颖，而且写起字来不开叉、不掉毛，坚固耐用，得心应手。因而深受历代文人学者的喜爱和赞赏。我国晋代著名的书法艺术家五羲之，在任临川内史时，他所用的毛笔就是李渡毛笔。

据说，他特别赞赏李渡出产的一种号称“纯净鼠须”的毛笔。李渡毛笔与王羲之可谓缘分不浅。因为王羲之除了写字还有养鹅的癖好，所以流传着他替道士写经换走一笼白鹅的轶事。为此，李渡毛笔工人曾经精心制作了“写经换鹅”的优质名牌毛笔。到了唐代，杰出的才子王勃在他美妙的《滕王阁序》中，曾以“光照临川之笔”的名句盛赞临川才子敏捷的才思和精妙的书法。李渡毛笔也因此增色生辉，更加声名赫赫了。

李渡毛笔累经历代艺人千锤百炼，精益求精，质量不断提高。其选材精密，搭配均匀，吸墨饱满，称心应手，品种繁多，式样新颖。论装潢，有黑、白、花、炕四管；论品类，有狼、紫、鸡、羊、兼五毫；论笔锋，可辩红、绿、黄、白、青、兰、紫七色，一直畅销于国内外市场上。据县志记载，年产一般在 40 万支左右，远销上海、北京、广州、重庆以及南洋诸岛。

新中国成立以后，李渡毛笔得到了更加蓬勃的发展，广大制笔工人刻苦钻研技术，努力改进工艺，使毛笔产量和品种不断增加，质量显著提高。1970 年代初期，李渡毛笔出口量已达到 50 多万支。出口品种有“书家妙品”“百花争艳”“进贤独秀”“极品纯净狼毫”“白支狼毫”“羊毛小楷”等 13 个，深受日本、新加坡、菲律宾等东南亚各国人民的欢迎。

上世纪 60 至 80 年代以来，李渡一带的毛笔生产有了新的发展，生产基地扩展到李渡附近的文港、前途、长山、大岗、云山等地，并且恢复了“纯净紫毫”“狸尾狼毫”“五紫五羊”“得意神手”“墨宝”“笔翰”等传统名牌产品的生产。至此，“毛笔新王国”重新崛起。

近墨者香

——方于鲁和徽墨

千年留圣迹
万杵捣轻烟
染指无虚日
消磨不计年

中国墨是历代人们文化生活的必需品，它在文房四宝中，不仅是不可或缺的一个内容，而且还是一种综合工艺美术品。它对我国文化事业的发展起了推动作用，并在国际上博得了很高的评价。

从文献记载中可知，中国古代的墨所采用的主要原料共分为松烟、石墨、漆烟和桐烟四种，其中主要以松烟和桐烟为主。松烟使用较早，汉晋之时已流行，但因松烟制成的墨比较轻，色黑蓝，且因品性之故，只能写字，不宜绘画，故自从桐烟墨盛行以后，其产量和实用性就开始下降。近代的书画家多喜用桐烟墨。鉴别松烟墨与桐烟墨的一个小窍门即是：体轻色暗、无光而染手，当是松烟墨；相反，体重、色泽有光、不染手，定是桐烟墨。如加以细微观察，当不难认出。

墨作为文房四宝之一，于早期主要是其实用功效，但由于墨业本身的发展和康乾盛世经济发展的时代背景，故当时也是制墨的盛世。墨的生产也是品类繁出，观赏性也随之加强。墨又分多种品类，其中御墨无疑等级最高。所谓“御墨”，顾名思义就是封建时代皇帝自己写字用的墨。清代内务府御书处设有库掌、匠役，专攻制墨。其中“御墨”中的一个品类——“集锦墨”是墨中上品。

最早的墨，当然是锅底的油烟了，只要颜色深，能在石板、竹片、丝织品等材料上写作，就是墨的起源了。究竟是谁第一个制作了这种黑墨，尚有待考证和研究，起码在三代时，就已经出现墨了。

到了秦汉以后，笔墨砚已经广泛运用了。到了南唐时期，出现了著名的徽墨。

徽墨的创始人叫奚廷圭，他是河北易州（即今河北省易县）人。奚氏父子发现这歙州地理环境非常适宜于制墨业生产，不但有许多黄山松树可以取得高级松烟，而且更有澄清见底的练江溪水可以保证和料时的纯净，于是，他们就定居下来，并且很快就生产出了第一批墨，人们都把它称为“新安香墨”。

南唐后主李煜，是个喜文弄墨的皇帝。他封歙州墨工奚廷圭为墨务官，专门为他制作新安墨。随后，他又以他的金口布下玉言，赐给奚廷圭以国姓“李”，表示他对新安墨的特别珍爱。从此以后，人们都把“奚廷圭”叫做“李廷圭”，把他制作的“新安香墨”又称作“李墨”

了。到了150年后的宋宣和三年（1121年），“歙州”改为“徽州”，才把“李墨”和徽州各地生产的墨统称为“徽墨”，一直沿袭到今天。

在明朝制墨名家方于鲁手中，徽墨这一品牌继续发扬光大。方于鲁制有“凤九雏墨”。此墨呈圆形，体扁，一面饰凤挟九雏纹样，另一面有楷书“凤九雏”字样。纹饰及题铭均漱金。凤九雏墨通常被用作礼品墨，因为凤九雏是传统的吉祥题材，有贺人多子多福之意。

方于鲁，初名大激，字于鲁。因曾以“于鲁”款墨进贡，得到皇帝赏识，遂改名为于鲁，改字为建元。他也是安徽新安人，万历年间名家，是歙派的代表人物之一。

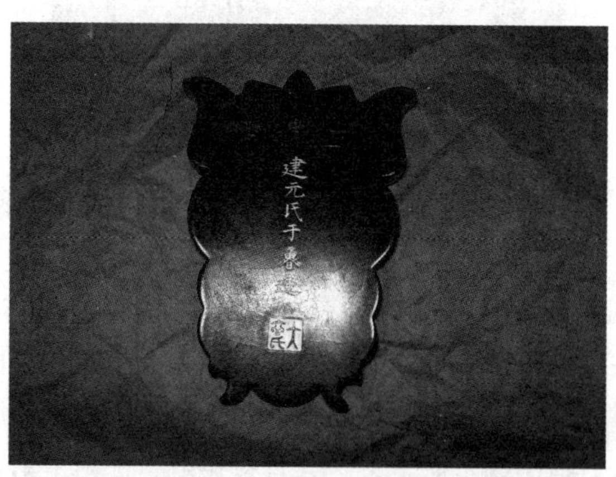

方于鲁起初在程君房手下制墨，后自立门户。方氏制墨，喜用油烟，并配入麝香、龙脑、熊胆等名贵药料，墨质纯净细腻，有淡淡的香气，能历久不变质。文人称其墨“妙入神品，前无李廷珪，后无罗秘书”。

他也是徽墨的集大成者。

近宣者“纸”

——纸寿千年

生命
给我们
一张空白的宣纸
我们在上面
写满了汉字故事

古时一篇文章写得好，人们往往用“洛阳纸贵”来称赞，却不叫洛阳“文”贵。一本书写得好，被称作“一纸风行”，不称“一书风行”……可见纸是文字的载体。幸哉有纸，文化才得以传承。

东汉蔡伦发明的“蔡侯纸”，以树皮和烂麻做成。到东晋又有了藤纸，至隋代产生了楮皮纸……而纸的经典诞生在唐代，这就是宣纸。

单讲其寿命，就有1050年，所以有“纸寿千年”一说。在1050年之内，宣纸的质地不会发生丝毫变化，单纯地讲保存，更能达到2000年。

更不要说它还“轻似蝉翼白如雪，抖似细绸不闻声”。宣纸文藻精细，吸水润墨，绵韧而坚，百折不损，抗老化，防蛀蚀……因此格外适宜书画，笔墨着纸后，焦、浓、枯、淡、湿，五彩缤纷。轻重缓急，随意变化。

所以，宣纸一出现，便成为稀罕之物，“有钱莫买金，但买江东纸，江东纸白如春云。”古时宣州一带属江东，故宣纸早称江东纸。

依中国的老风俗，哪个地方有了好东西先得给皇帝老子送去，宣纸理所当然也就成了向朝廷进贡的宝物，成了朝廷和地方官吏作书绘画、立文书档案的专用纸。由于当时生产这种纸的泾县隶属宣州府管辖，进贡时都要打上“宣州贡纸”的字样，久而久之，泾县生产的这种奇妙的纸就有了一个响亮而通行的名号：“宣纸”。

民间有钱的人也可以买来用于书画，或修宗谱、印经文，总之是要将宣纸用在较神圣并希望能长久保存的事情上。

清代蒲松龄写成《聊斋志异》后，因穷困无力刻印，压在箱底多年。到乾隆三十二年（1767年），由歙县人鲍延博出资购买宣纸，此奇书才得以印行并流传下来。

另一部经典《红楼梦》的命运也差不多，最初只有手抄本流传，乾隆五十六年，和珅向皇帝报告了民间在流行《石头记》一书的情况，经朝廷批准由徽州人程伟元出资，将曹雪芹写的前80回和高鹗后续的40回合在一起，首次用宣纸印刷，使《红楼梦》成为一部完整之作。

据统计，我国现存的纸质古籍约有3000万册，所采取的形式多为宣纸线装书，甚至连少林寺的武功秘籍都是宣纸印的。

目前中国的宣纸有50%要出口日本，其实在清朝时，日本曾多次想得到中国宣纸的生产技术。据《中国宣纸史》记述，清光绪四年，日本内阁印刷局造纸部派遣栖原陈政到中国，化装潜入泾县两个多月，自称是“广东潮州大埔县何子峨太史的侄子”，搜集造纸技术情报。

光绪三十一年，日本人内山弥左，以南京高等农业学堂教授的身份，多次深入泾县宣纸厂“调查”，偷盗宣纸生产情报。与此同时，日本国内又派人到泾县弄走了一些青檀木树皮。由于日本没有这种树，竟鉴别不出是何种何属。

1937年“七七”事变之后，日本利用侵略中国的机会，派遣特务到泾县，搜集了大量青檀树籽，运回日本精心种植。最终因气候和土质条件不同，长出的青檀树质量低劣，用之造出的所谓宣纸润墨性极差，根本不能与中国的宣纸相比。

所以，日本算是想明白了，拿钱买中国现成的上等宣纸，要比费尽心机地去偷技术省事得多。

除日本之外还有美国、英国一些经济情报人员，也曾打过泾县宣纸技术的主意。

宣纸特殊在什么地方？需要先说一说泾县。

世界上最好的宣纸，只能在这个地方才能生产得出来，生产宣纸不可或缺的三种原料：青檀木树皮、沙田长秆籼稻草和杨藤汁，有的为泾县所独有，有的数泾县最佳。

这又跟泾县“两高一低”的自然地貌条件有关。泾县境内有大小山峰140余座，分列东西两侧，大多为喀斯特中、高丘陵，为青檀树的生长提供了理想的环境。喀斯特丘陵上的青檀树皮，纤维细密、均匀，成浆率高。

而泾县的中部，是一条宽阔的河谷平原，是全县的粮仓，又为宣纸生产提供了必不可少的优质沙田长秆籼稻草。此稻草比一般的稻草纤维性强、不易腐烂、容易自然漂白。此外，这条河谷平原上有大小河流146条，可谓溪流密布，还为宣纸生产提供了丰富的水源。

造纸是一个污染严重的工业活动，但是现在的泾县依旧是青山绿水。这跟宣纸生产全部是传统的手工操作有关，这个过程中不仅没有污染，相反对宣纸的生产用水还极为讲究，任何一道工序的取水必须清澈干净，无杂质。其上品便是由喀斯特山崖之水汇聚而成的乌溪，水质清醇，甘之如饴，富含多种矿物质，即古谚所说的“好山出好水，好山好水出好纸”。

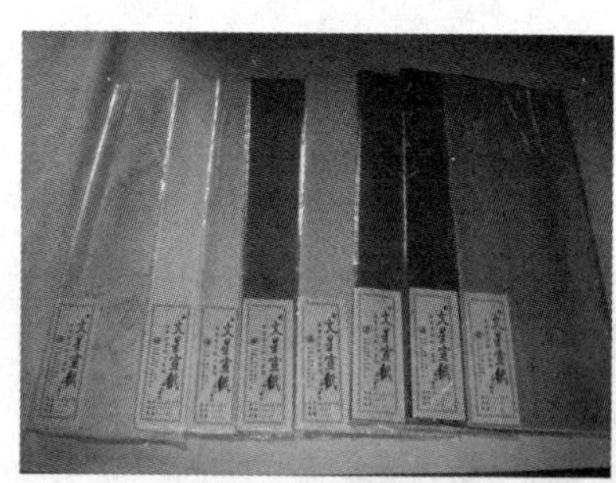

一般造纸之所以污染严重，在于添加大量化学元素，诸如漂白剂。而宣纸生产完全是“自然炼白”，将檀皮、稻草经过反复蒸煮、沤制和浆洗后，运到朝阳的石坡上摊晒，喀斯特呈45~60度的山地利于沥水、透气，又不易被风吹跑。

整个过程需要6～9个月，让宣纸在成形之初，便饱经大自然的露洗风炼，吸纳日月光华，最大限度地清洗容易氧化的物质，消除原料内部的淀粉含量，提高纸质的纯度，使之拉力强，吸附力强，宜于长期保存。

正因为宣纸生产全部依赖手工操作，所以生产周期特别长。有些特殊的宣纸，如“仿千年古宣”，则需耗时18个月，经历138道工序。

而每一道工序又必须精准到位。比如造纸中一道重要的工序叫“捞纸”。工人动作必须轻灵而准确，要求眼到、心到、手到，一气呵成。宣纸的厚薄、纹理、丝络就全靠两个工人手上的感觉和相互极端默契的配合。

任何人到泾县看过宣纸的生产过程之后，都会对宣纸产生一种敬惜之心。许多中国书画大家都怀着一种类似“朝圣”的心情，不止一次到泾县表达感激之心。因为，中国的书法与绘画，离开了宣纸便无从表达艺术的妙味。

山水修砚

——四大名砚

闲韵虽高不衒才
偶抛猿鸟乍归来
夕阳照个新红叶
似要题诗落砚台

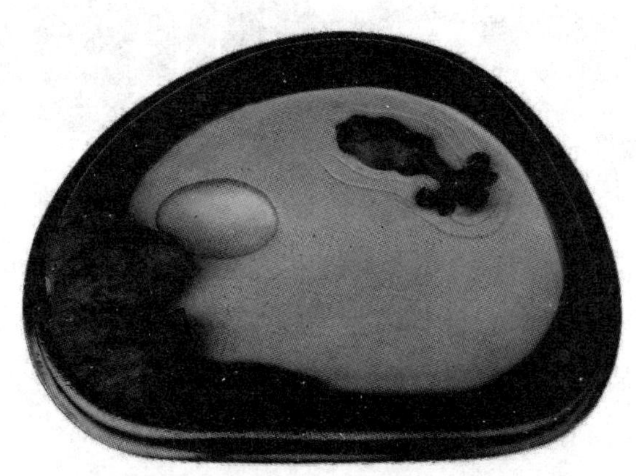

中国有“文人爱砚，武士爱剑”之说，不过，最早的文献记载中“砚”称为“研”。直到两汉时期，发明了人工制墨，墨可以直接在砚上研磨，故不需再借助磨杵或研石研天然或半天然的墨，从而将“研”正确命名为“砚”。

从“研”到“砚”的转变，并不是在短时期内完成的，而是经过较长的时间过渡，这一时期中，石研、研石与砚都有人使用，人们对其命名和称谓也没有完全改变。历史上，砚也有很多别称，如即墨侯、万石君、石友、砚田等，皆是文人对其的昵称。

文人爱砚亦有偏好，在诸多砚材中，“四大名砚”是墨客赏砚、藏砚、玩砚的结晶。它们分别是广东肇庆的端砚、安徽歙县的歙砚、甘肃洮州的洮河砚，以及山西绛县的澄泥砚。

端砚产于广东肇庆东郊的端溪，材料取于广东肇庆高要县东南端溪之烂柯山。端砚石质细腻、幼嫩、滋润，古人称之为“有若小儿肌肤”，而且色泽丰富，有韧性，适宜雕琢，用其制出的砚，石品花纹丰富，发墨不损毫，叩之无声，磨墨亦无声。

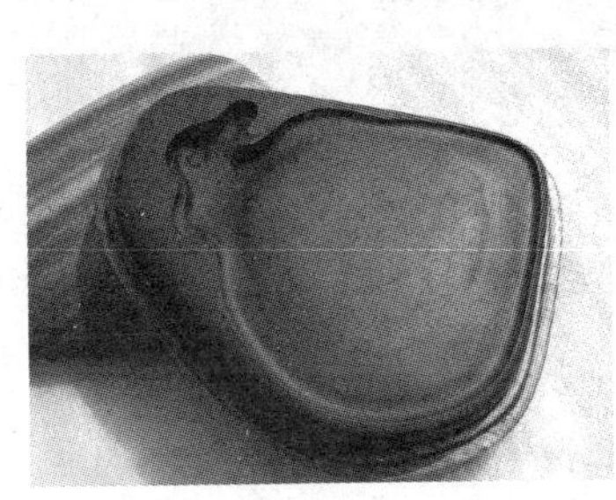

优质端砚，抗吸水性和抗透水性能力强，故又具备了“贮水不耗”“呵气即泽”的特点，无论是酷暑还是严冬，用手按其砚心，砚心湛蓝墨绿，水汽久久不干，所以晚唐之后端砚就被列为佳品。如唐代刘禹锡《唐秀才赠端州紫石砚以诗答之》文中所说：“端州石砚人间重，赠我因知正草玄。”恰到好处地赞美了端砚“人间重”的艺术价值、实用价值及其在中国文化史上的重要地位。

不同的端石坑因温度、水质、成长年份的不同，所产出的砚石石质也是有区别的。产端石的地带有很多，例如端溪东侧斧柯山西麓一带，有老坑、坑仔、麻子坑、朝天岩等；羚羊峡北岸，与老坑一江之隔，有白线岩等；以及北岭山一带的宋坑、梅花坑，小湘峡一带的绿端，斧柯山东麓、沙浦镇一带的沙浦诸坑（又称“斧柯东”）等。在如此众多坑口中，由以老坑、坑仔岩、麻子坑这三大名坑最为名贵，而最著名的当属老坑。

老坑一般地势较低，常为西江水淹，开采出来的砚石称之为水岩，是端砚中石质最好、影响最大、价值最高的砚坑，所产砚石石纹细腻而幼滑、致密而坚实，石品花纹多金线、银线；而坑仔岩，与老坑相近，石质也相类，但因为是山石，远不如水岩润泽，略带刚性，故仅次于老坑；麻子坑有水坑和旱坑之别，所产砚石颜色偏青紫色略带蓝色，色彩斑斓，质地高洁，优质的麻子坑石可与老坑石媲美。

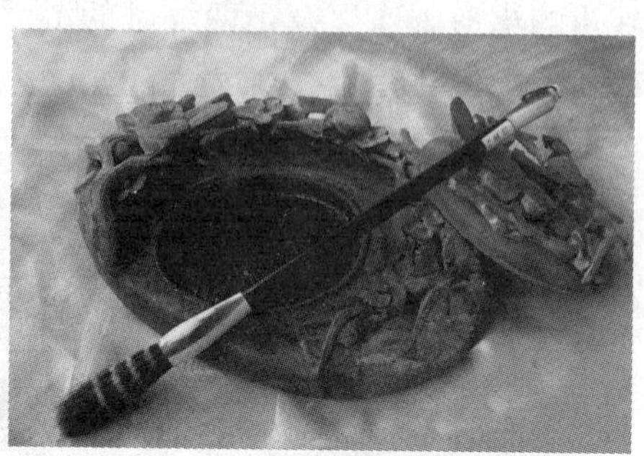

歙砚因产于古歙州，即今之江西婺源龙尾山而得名，亦称“龙尾砚”，具有质地坚润不吸水、发墨如油不损毫、用后余墨涤之即净等特点，古代多作为贡品。歙石常见石品有罗纹、眉纹、金星、金晕、鱼子等几大类，其中金星、金晕历来被认为是歙石中的上品。按金色斑点的大小及分布状况，又有雨点金星、鱼子金星、金钱金星之分。

洮砚产于甘肃省甘南藏族自治州临潭、卓尼、岷县等县洮河沿岸，亦称洮河砚。其料取于甘肃卓尼一带洮河深水处，有“鸭头绿”“鹦鹉绿”“柳叶青”“鸊鹈血”等石品，若砚石带有黄标、白玉色油脂状膘者更为名贵。洮砚石质细润坚实，古代诗词中就有“洮河之石利剑矛，磨刀日解十二牛”“旧闻鹦鹉曾化石，不数鸊鹈能莹刀”之赞。另外，洮砚湿润，所以呵气成珠，借以墨即可书写，如将磨好的墨贮于砚中，经月不涸不腐。

澄泥砚，是四大名砚中唯一非石质而是泥制，与端、歙、洮砚齐名，史称“三石一陶”。澄泥砚最早产于山西绛州，孕于汉，兴于唐，盛于宋，明代达到炉火纯青。自中唐起，历代皆为贡品。澄泥砚用特种胶泥加工烧制而成，因烧制过程及时间不同，呈现不同颜色，或一砚多色。澄泥砚中以鳝鱼黄为最上，其次是绿豆砂和蟹壳青。因澄泥砚的可塑性，故尤其讲究雕工技术，有浮雕、半起胎、立体、过通等方式。砚体形有圆、椭圆、半圆、正方、长方、随意形等。雕式有号、耳瓶、二龟坐浪、海兽哮月、八怪斗水、仿古石渠阁瓦等立体砚，不仅具有实用价值，更是供案头观赏的艺术珍品。

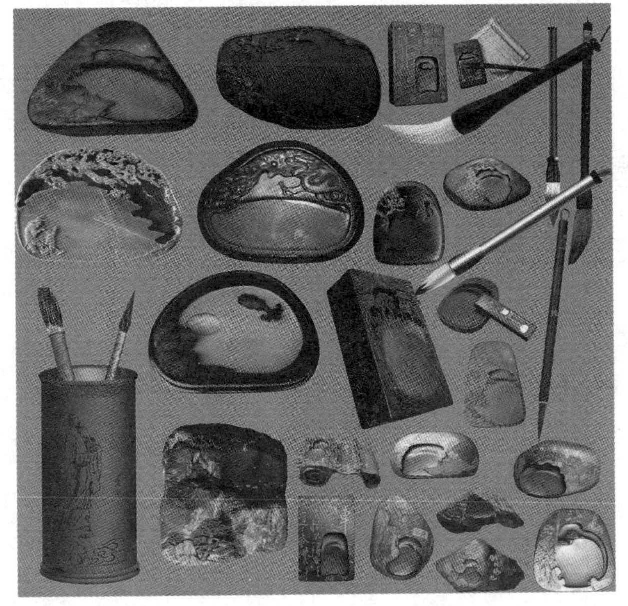

正如歙砚因后唐李煜称其为“天下冠”而扬名天下一般，“四大名砚”从不缺乏天下英主、文人的青睐。据唐询《砚录》记载，一方上佳的端砚售价数万钱。宋代名臣李纲《端石砚》诗中有云：“端溪出砚材，最贵下岩石，得此谕可忘，一生着几屐。”苏东坡在《孔毅夫龙尾砚铭》中盛赞歙砚道：“涩不留笔，滑不拒笔。”赵希鹄称洮砚为“无价之宝”。但在“四大名砚”中，端砚还是因“天生丽质难自弃”最为世人所喜爱，位居歙砚、洮砚、澄泥砚之上，有“群砚之首”“天下第一砚”的美誉，而历史上唯一能与之并肩的只有歙砚而已。

铜言童语

——一座城市的“铜牌”

洞房花烛夜
金榜题名时
久旱逢甘霖
他乡遇故知
人生有四喜

很难理解，中国文人口口相传的“人生四喜”和铜矿能发生什么联系，但这二者偏就发生了化学反应，而且让一座城市的品牌变得更有意义。

青铜的发现和使用，是人类文明开始的标志。青铜的冶炼，是人类改造自然物质获得的第一批成果之一。

铜陵是中国最早的产铜地之一，其矿冶历史始于商周，盛于唐宋，延至当代，数千年绵延不断。西汉唯一的“铜官”，六朝著名的“梅根冶”，唐宋时期的“铜官场”“利国临”等历代官方重要的采冶机构均设于此，世称铜都。

在铜陵市文物管理所馆藏文物中，有一件铜雕艺术品象征着喜气和吉祥，它就是“四喜娃娃”。“四喜娃娃”是一件清代的铜雕艺术品，皖江小游园的“四喜铜娃”铜雕就是以这件文物为原型建造的。

“四喜娃娃”能够成为铜陵市的馆藏文物，其背后还有一段故事。

1991 年前后，全国开展了一场大规模的打击走私文物活动，有色狮子山铜矿的一位经警发现当地有人准备将一件清代文物高价出售。

公安部门得到消息后，与狮矿经警联手，将“四喜娃娃”收为国有。这尊“四喜娃娃”铜雕呈正方造型，长、宽、高都约 8 厘米，其造型是一对活泼可爱的娃娃系着肚兜，一手拿着芭蕉扇，一手紧握金元宝，呈现出调皮嬉闹的神态。

经过巧妙组合，两个娃娃转化成四童戏耍。无论从哪个角度观赏，孩童或立或卧，或背或对，相互构成四个完整的孩童，这正是“四喜娃娃”构思精巧独特之处。据文管所工作人员介绍，“四喜娃娃”的造型年代久远，明以前主要是剪纸的形式，明以后出现铜铸。

清朝乾隆时史书载，当时婚嫁礼俗中，“四喜娃娃”以“喜神”供奉，在民间极受喜爱。铜陵馆藏的这尊雕塑娃娃肌体丰满，眉目清秀，双耳硕重，福态稚嫩，惟妙惟肖。

“四喜娃娃”的“四喜”从何而来。还有一种说法是这样的：

传说，明代皇帝召集众才子，让他们每人制作一个手工艺品，并解释自己作品的内涵。大才子解缙灵机一动，构思了这个“四喜娃娃”造型。皇帝问他何为“四喜”，解缙随口答道：“洞房花烛夜，金榜题名时，久旱逢甘霖，他乡遇故知。此乃人生四喜，故名‘四喜娃娃’。”“四喜娃娃”由此得名。

究竟哪一种解释更准确，也没有定论，但考古界倾向于第一种说法，毕竟史书中有记载。读者可以随自己喜好选择，也可以自己另作解释。今天，这尊文物向我们展示的更多的内涵则是古代匠人的技艺和智慧。

四喜娃娃只是铜陵铜文化的一个缩影，它所代表的不光是历史和技艺，更是中国古人对美好生活的憧憬，是中国匠人和中国文人合成的缩影。匠人赋予它工艺，文人赋予它深意。也正因此，四喜娃娃成为铜陵这座城市的名片，已经被工业化制作，走进了千家万户。

有学者说，中国的历史是一部石头的书、青铜的书。毫不夸张，铜文化是一部缩写的中国百科全书。

铜陵作为一个城市，历史是太短了，而它的采冶铜历史，则是悠久而漫长，或者说由古至今，数千年都不曾中断，因而积累、蕴藏了以铜文化为主轴的铜都文化。

不妨做这样一个比喻，四喜娃娃——一座城市的铜牌。

轮子上的骄傲

——红旗飘飘

那是从旭日上采下的虹
没有人不爱你的色彩
一张天下最美的脸
没有人不留恋你的容颜
你明亮的眼睛牵引着我
让我守在梦乡眺望未来

在中国，红旗牌轿车是个家喻户晓的名字。“红旗”二字已经远远超出了一个轿车品牌的含义，新中国发生的太多历史事件都与“红旗”有关。在国人心里，它有其他品牌所不能代替的位置。

红旗牌轿车的历史始于1958年。当年诞生于一汽的我国第一辆国产小轿车并不叫“红旗”，叫“东风”，定牌为ca71。

1958年8月，中央政府急于在建国十周年的庆典上用上国产的高级轿车，向一汽下达了制造国产高级轿车的任务。一汽的工人们以从吉林工业大学借来的一辆1955型的克莱斯勒高级轿车为蓝本，根据中国的民族特色进行改进后，以手工制成了一辆高级轿车。这辆轿车的动力系统和装备几乎和克莱斯勒一样，其实就是把克莱斯勒车完全拆开，对每个零件进行手工测绘，然后自己制造。

吉林省委第一书记吴德在全厂万人集会时，正式给轿车命名为“红旗”。不久后，中央领导人邓小平、李富春、杨尚昆、蔡畅等到一汽视察，赞扬了红旗轿车，红旗轿车从此定型。

经过一年的时间，一汽的设计师认真对红旗轿车整车作了5次系统的试验。5次试验后，红旗轿车定型样车被正式编号为ca72，这才是我国有编号的第一辆真正的红旗牌高级轿车。

最早的ca72在翼子板一侧标有并排五面小红旗，代表工农商学兵。五面红旗的标志在红旗车的翼子板上飘扬了两年后，五面红旗被改为三面，代表总路线、大跃进、人民公社“三面红旗”。

ca72的前脸采用扇形图案，车身造型庄重典雅，尾部采用了独具一格的宫灯型尾灯，方向盘中央的向日葵造型及后尾标是纯金打造，车内采用了景泰蓝、福建漆、杭州织锦等。

发动机是具有当时国际先进水平的v型8缸液冷发动机。在红旗车的仪表上有天安门的标志，四周全用实木装饰，并配有石英钟，古典而不失豪华。前排设计了冷、暖风出风口，在前排座椅后面设计有隔墙，后排空间十分的宽大，并配有两个可折叠的警卫员座椅。

1959年9月，第一批两辆红旗检阅车送往北京，供国庆10周年阅兵式使用。红旗检阅车庄重典雅，造型光顺谐调，尤具巡洋舰的雄姿，显示了检阅的威武气势。

不久之后，10辆崭新的ca72红旗轿车在首都的国庆庆典上登台亮相，国内外竞相报道了中国第一车的消息。

从1960年代开始，红旗车的各项技术日臻完善，被规定为副部长以上首长专车和外事礼宾车，“坐红旗车”曾与“见毛主席”“住钓鱼台”一道，被视为中国政府给予外国来访者的最高礼遇。红旗轿车也被编入了《世界汽车年鉴》。

从这时起，红旗ca770型三排座高级轿车、ca771型双排座高级轿车、ca772型三排坐高级轿车、ca773紧凑型三排座高级轿车等车型，相继问世。

1966年4月，20辆红旗三排座高级轿车送到北京，周恩来总理、陈毅外长等国家领导人正式乘用。

两年后，红旗ca773紧凑型三排座高级轿车研制成功并投入批量生产。车累计生产了291辆，至今仍有部分在正常使用。

值得一提的是，在ca771型基础上改进的红旗ca772型特种保险车问世。ca772是为落实毛泽东主席等中央领导用车任务试制成功并生产的。特种保险车具有良好的防弹和保险功能。该车全重6吨，一汽自主开发了8升的大马力发动机以驱动沉重的车体，并且从变速箱、驱动桥、轮胎，再到整个传动系统和底盘，都由自己设计制造。这一系列的工作又拉动了一大批项目的进步，例如车窗的改造、自补轮胎、车用空调等。中南海警卫局和部分省市目前仍在使用这种保险车。

1979年3月到1980年8月，以原来ca770为基础的ca770w救护车，缩短ca770型的车身、采用日本进口六灯的ca774c轿车，以及ca630红旗高级旅游车等多种“红旗”品牌的变型车相继出现。

红旗的盛名达到顶点应该是1984年建国35周年阅兵式，中央军委主席邓小平和阅兵总指挥秦基伟上将分乘两辆红旗ca770yj型特种检阅车检阅海陆空三军；1999年建国50周年大庆和2009年建国60周年大庆的时候，江泽民主席和胡锦涛主席同样乘用红旗检阅车来检阅海陆空三军战士。

改革开放给红旗车带来了第二次生命。90年代，一汽通过与国外公司合作，逐步开发了拥有全部知识产权的新型“小红旗”和豪华风格的“大红旗”等多个品种的系列产品。

“小红旗”是自原有的“红旗”轿车停产以来的第一批红旗车。但此时的“红旗”已经失去了它原有的风貌。一汽以奥迪100为原型，对红旗轿车进行了全新的塑造。小红旗采用了奥迪100的底盘，外形也和奥迪100如出一辙，发动机采用了克莱斯勒的技术，但车头还飘扬着那面旗帜。

1998年新款红旗98新星轿车投放市场，配置了一款具有28项技术的全新发动机，并请德国保时捷公司进行指教。此时的红旗车采用了毛主席手书的“红旗”标志，前脸使用了象征一汽集团的美术字“1”的金属标志，再一次寓意在大时代浪潮中，中国的“红旗”一马当先，勇立潮头。

也许，当年的风采没有变，但人们还是怀念80年代之前，最具中国特色的那一面“大红旗”。

打开国门

——洋务第一局

沧海桑田
岁月不改
华夏古老容颜
皇帝威严
长城内外
西洋之光来袭
举国上下
洋务运动
师夷长技以制夷

1865年，晚清重臣李鸿章收到他的同僚丁日昌一封信，得知上海虹口有一个洋人办的铁厂，不仅能造枪炮，而且能制造轮船。洋人愿意出售，要价十万两。

早想发展造船业的李鸿章十分动心，无奈囊中羞涩。

恰在此时，有几个贪官被革职查办，李鸿章冒出一个馊点子，不如重罚革职官员，让他们出钱凑点份子，争取买下这座西洋铁厂。丁日昌觉得这是一个好主意。

果不其然，一位贪官愿意拿出四万两银子促成此事，算为自己赎罪。李鸿章随即让丁日昌再从海关拨借两万两银子，并把上海丁日昌、韩殿甲的洋炮局与虹口铁厂合并起来组成“江南制造总局”。

“总局”是李鸿章和曾国藩的创意，所谓“总”就是说不单单造船，还包罗各种机器。

当然由于财力和人力有限，各种机器指的也都是军械方面的机器，开展民用工业是后话。

这并不代表李鸿章不懂得民用工业的重要性，他早就对西洋机器的各种功用看得相当透彻。他认为：洋机器可用于耕田、织布、印刷、制陶等，妙就妙在能够借助水火的力量节省人力。其实也没有那么复杂，不外乎是一个机关牵引另一个机关，一个齿轮推进另一个齿轮，一个零件带动所有零件动起来罢了。

李鸿章认为，既然这样，我们中国人哪有不会的道理。他预料过不了几十年，中国富裕的农民、有钱的商人都会仿效洋人制造机器，通过机器赚大钱、谋大利。他是把中国工业分成了两大类，民用由有钱的民众自己去发展，国防则需要清朝政府一手抓起来。这就是江南制造总局的责任。

江南制造总局又叫江南制造局、江南机器局、上海制造局、上海机器局。下设五个分厂，分别负责生产不同的军用器械，分工非常明晰：一厂制造枪炮，二厂生产和修理船舶，三厂炼钢，四厂制造火药，五厂制造机器。

如果将江南制造总局简单地和机器制造画上等号，那就太低估了李鸿章的谋略。

江南制造总局以机器生产为主，附设翻译局，专门负责翻译国外的科技书籍，提供技术支持。还有图书馆、工艺厂、库房、公务厅地图局、大船坞等设施，一应俱全。这个局因为规模庞大，分工明细，影响深远，一度被称为打开国门的中国第一局。

后来，江南制造总局又添设了炼钢厂、栗色药厂和无烟药厂。钢厂里的炼钢炉每天能产钢 3 吨，可以用来制造炮筒和枪管；栗色药厂和无烟药厂制造枪炮用的火药。栗色药厂制造的栗色饼药，供新式大炮用；无烟药厂制造的无烟火药，供快枪快炮用。江南制造总局倾注了曾国藩、李鸿章师徒二人大量心血，从经费的筹措到机器的采购，从中外管理人员的委派到机构的设置，曾、李都亲自过问，费尽心机。

江南制造总局创办后，数年之间就造出轮船四艘，洋枪、大小开花炮等数千件。

李鸿章说：江南制造局是中国最大的军工厂。

不久以后，金陵、天津、福州、广州、汉阳等厂的兴起，都借鉴上海制造局的成规。可见江南制造总局在中国近代军事工业中的重要地位和作用。

1868 年，江南制造总局造出了中国近代的第一艘大型新式军舰。它长十八丈五尺，宽二丈七尺二寸，牵引力 392 马力，载重 600 吨，船身由坚木制成，内部机器系国外的旧机器休整后使用，而汽炉和船壳则是由总局自己制造。这艘军舰被命名为“恬吉”号。李鸿章在给朝廷的奏折里骄傲地说：这些船在外国属于二等，但在中国属于头等的了。

但是李鸿章心里非常清楚，这些性能不怎么样的船，成本却极高。当时中国造船业不仅缺乏技术人才，而且与造船业配套的其他工矿业发展都跟不上。也就是说，江南制造总局不仅雇佣洋人做指导，而且一切造船材料都从国外进口，等于把西方的造船厂搬到了中国。由此发生的运费、关税、洋人的高薪，使得在中国造一艘旧式船的钱比从外国直接购买一艘新式船的钱还要多。

轮船生产中存在的问题在枪炮的生产中同样存在。机器设备的简陋、技术人员的不足、资金的缺乏，始终是江南制造总局的大问题。这些问题直接导致了江南制造总局的任何产品都不能紧跟时代。

既然跟不上国际潮流，不如走咱们自己的路子。另一位清朝大员张之洞在湖北的汉阳铁厂研制出了用料省、性能好的小口径毛瑟枪，清廷予以赞赏，并命令全国军队改用此种枪支。但是因为江南制造总局的阻挠，后来也没有得到推广。

尽管如此，江南制造总局毕竟起到过许多积极作用。它是中国最早大规模采用机器制造枪炮和轮船的官营企业，是最早的军工品牌。作为中国近代军事工业的先驱者，它曾经肩负着重大的国防使命，对晚清作战和军事发展都不无裨益。它代表了中国军事工业发展的一个时代，在这个时代里，中国经历了一次又一次的挫折和失败，但在这一次次的跌倒爬起中毕竟缓慢地前进了。

中国西点

——黄埔军校

革命英雄，国民先锋，再接再厉，继续先烈成功
同学同道，乐遵教导，终始生死，毋忘今日本校
以血洒花，以校作家，卧薪尝胆，努力建设中华

黄埔军校虽然是一所速成军校，但不论教师还是学生质量之高，堪称一个奇迹。

在近现代中国历史上，除了共产党的中央党校以外，很难有哪所学校能像黄埔军校这样，深深改变了中国历史的进程。

1924 年 6 月 16 日，“中国国民党陆军军官学校”成立，因位于广州黄埔的长洲岛上，也被称为“黄埔军校”。

黄埔军校是一个泛指。时至今日，在中国台湾的高雄凤山仍然有一所“陆军军官学校”，也被称为黄埔军校，这是国民党政权搬迁来台后成立的一所军校。1949 年之前，大陆地区还陆续有过潮州、成都、武汉、江西、昆明等多处分校。

狭义上的“黄埔军校毕业生”指在长洲岛上学习过的前七期学员，再精确一些，则是国民党北伐前的前四期学员。

以现代军事教育观点来看，黄埔军校的训练水平很难说有多么高深，如果只从实际训练科目来看，这里仅相当于一所速成的军事技校。因为军事斗争需要，原定3年一期的训练计划缩短为半年一期。

但黄埔军校依然与美国西点、苏联伏龙芝、英国桑赫斯特并称世界四大军校。相比之下，黄埔军校不论是硬件还是训练水平都显得颇为寒酸：学员军事课程是步兵操典、战术学、兵器学、地形学，可见培养目标主要是基层陆军士官。

以著名的黄埔一期而论，1924年5月5日入学编队，而同年11月8日就宣布毕业，为期半年的学习中，学员们还参加了东征。

军事课程短且少，但政治课程却极为隆重，据当年的教官和学员回忆，先后有：三民主义、国民革命概论、社会主义运动、社会学概论、政治学概论、经济学概论、中国及世界政治经济状况、中国政治问题、苏联研究、农民运动、劳工运动、青年运动、帝国主义、不平等条约、政治讨论……

国民党高级将领李宗仁在回忆录里说：“黄埔军校每期训练时间不过数月，实际上只是一些军士教育，距军官教育相差尚远，然全军受革命风气的熏陶，颇有朝气，尚可作战。”

鲜明的政治教育特色之外，接受苏联援助也是这所学校的一大特点：黄埔军校初创阶段，由于驻扎广州的滇桂等军阀暗中掣肘，导致军校资金不足，武器奇缺。

苏联政府提供了办学急需的军事装备和武器，而且资助了大批现金作为开办经费。仅第一批武器，就有 8000 支有刺刀的俄式步枪，每枪配有 500 发子弹。此外，苏联政府还资助了 200 万卢布的现金给军校。

除了给钱给枪，苏联人还出任顾问，日后成为苏联首批授衔的 5 名元帅之一的加伦将军（布留赫尔），就曾是派驻到黄埔军校的首席顾问。

当时的苏联政府极为看好远在广东一隅的孙中山及其追随者，在他们看来，这是一支先进的革命队伍，值得大力扶植，而对一个动荡国家最直接有效的影响莫过于成立军校，进而将军事干部纳入自己的革命队伍中。此前去苏联考察的蒋介石，对苏联军队的训练和体系也表现出相当的认同。

和既往军阀军队不同，黄埔军校内设立了党代表制度，这也是苏式军队的印记。经国民党中执委的通过，黄埔军校便仿效苏联红军，设立政治委员，并成立政治部。

蒋介石虽然没说过“枪杆子里面出政权”，但军人出身的他深知军权的重要性。在出任黄埔军校校长之前，他曾在粤军中出任参谋长等职，曾因部下不服从指挥拂袖而去。拥有自己的武装，成为那个时代每个政治领袖都必须思考的问题。

孙中山也意识到建立一支自己部队的重要性，这支部队要有和革命党一样的奋斗理想，这才叫做革命军。只有一心一意地来革命，才可以达到革命的目的。

建校伊始，中国共产党就注重在学校中培养自己的力量，周恩来、叶剑英、聂荣臻成为学校的教官，而徐向前、陈赓、林彪等大批学生也正是在这所学校中信仰了共产主义。

也正是由这一批优秀的革命导师带队，黄埔军校的学生素质之高堪称一个奇迹，这些学生在日后国共双方高级将领中均占据显赫位置。

国民党阵营中，校长蒋介石自不必说，先后担任教官的何应钦、陈诚、顾祝同、张治中、刘峙、周至柔等都成为上将，而杜聿明、胡宗南、张灵甫、郑洞国、宋希濂、关麟征、贺衷寒、陈明仁、康泽、黄维、戴笠……这一系列闪耀的名字都成为那个时代优秀的将领。

共产党阵营中，政治部主任周恩来成为新中国第一任总理，十大元帅中的徐向前、叶剑英、聂荣臻、林彪和陈毅，十位大将中的陈赓、许光达和罗瑞卿均任教或求学于黄埔军校。

在黄埔军校的历史上，抗日战争是最值得书写的一笔。八年抗战中，国共联手，黄埔师生一致对外，其少将以上阵亡将领就达一百多人。

那时，不论之前在南京还是之后在成都的中央军校，所有毕业生都只有一个分配去向——抗日前线。

也许，这些英雄先烈早在军校时，就已经拥有了视死如归的情怀吧！

开明的力量
——开明书店

开明风
开明风
所惜大从容
应变有时穷
我们要创造新的开明风……

民国年间，中国有三家大书局：商务印书馆、中华书局以及开明书店。这其中，开明的人力、物力和财力都远远不如其他两家，但它的影响却相当大。因为开明在不长的历史中，始终有一群不离不弃的青少年簇拥着它。

在那时，许多小读者每天总要去开明书店转一转，因为那里有很多吸引小读者的“东西”。

人们口口相传，开明书店的店员都很和蔼可亲，充满温暖，他们从不厌弃热爱新知的小读者，绝不会对翻看一天的“顽童”产生怀疑(怀疑偷书)。有时候，负责人还会同读者聊天，用他有点滑稽的广州话问长问短。

就算半个世纪过去，许多读者已步入中老年，但是他们对开明书店的热爱犹如昨天。

很多人依然记得一个叫章锡琛的学者——他，就是开明书店的创始人。

时间是1969年，备受读者怀念的章锡琛已经走到了人生的尽头。恍惚中，章锡琛仿佛又回到了40多年前，想起了他和开明书店的辉煌岁月。

1912年，章锡琛还在商务印书馆主编《东方杂志》，而立之年的他已经是新思潮的排头兵，提倡新知、勇立潮头。

1925年1月，他与鲁迅的弟弟周建人提倡新思想，遭到保守派的疯狂批评，引起轩然大波。

因为这件事，章锡琛不但丢掉了主编之职，还被商务印书馆扫地出门。

这期间，章锡琛并没有沮丧沉沦，而是在郑振铎、胡愈之和鲁迅等人的支持下重新振作，在上海开办了一家书店，这就是开明书店——开明宗义、树立新风。

这个书店集出版、销售为一体，主要以中等教育程度的青年为读者对象，凝聚了一批气味相投的"开明人"，他们的目的是争取青年中学生，因为青年是未来社会的中坚力量。

这群"开明人"的名头个个响亮，除鲁迅以外，还有夏丏尊、叶圣陶、胡愈之、朱自清、朱光潜、丰子恺等不下20位学术上各有千秋，却愿意为启蒙工作无私奉献的学者精英。

这些人提出"有所爱"的口号，即爱真理，爱 切公认为正当的道理；也提出"有所恨"，即恨一切反真理的事情。

有了这一帮开明的文化人加入，开明书店很快便从一家小书店发展到与"商务""中华"相抗衡的出版公司。

在20多年的历史中，开明书店共出版书刊约1500种，内容包括文学、艺术、语文、自然科学、应用技术、史地等，类型有刊物、教科书、青少年读物、古籍和工具书等。

开明书店的出版物往往和其他出版社多有不同。

《活叶文选》就是开明书店的一大创新。它选择历代名篇，加以分段标点，折叠成帖，编上号码，单篇出售，供学校选购作为讲义或课本，十分方便。

既然是开明宗义、树立新风，开明书店自然少不了“开明风气”的书籍。但在旧社会，开明书店常受国民党“图书杂志审查委员会”的刁难，章锡琛曾表示，“在不自由的语境下，‘开明’从来不敢表示正面有反抗”，最多也就是“敲敲边鼓”。

敲边鼓的方法很有趣，譬如：开明书店被查禁的出版物自然不能再公开出版销售，但如果重新包装一下呢？把译者“沈端先”改为“孙光瑞”，《母亲》则改为《母》呢？以此瞒天过海、遮人耳目，居然还能取得不错的业绩。章锡琛曾笑称，追求开明的人都是识货的。

出版郭沫若的《离骚今译》时，国民党图书检查官指着书中“党人之偷乐”的句子责问：“这是不是比喻本党呢?”章锡琛则毫不客气地回敬道：“是不是战国就有了贵党呢?”问得检察官哑口无言，只好通过。

……

正当开明的事业蒸蒸日上的时候，却碰上日本入侵中国。

1937 年，八一三淞沪会战爆发，上海总店和专为开明书店排印书刊的印刷厂全部毁于战火，开明书店损失达 80% 以上。

章锡琛等人当即决定将开明书店迁至汉口，却又因为书籍、纸型被日军劫走，不得不暂时停业，章锡琛等人也只好回到上海休息。

留守上海期间，章锡琛又被日军关押起来。幸好，十多天后，章锡琛在朋友的帮助下被解救出来，接着又开始为重振开明书店不停奔波。

1941 年开明书店在广西桂林设立总办事处，重组董事会，范洗人任总经理。不久，日军进犯桂林，总办事处又迁至重庆，由叶圣陶主持。抗战胜利后，总办事处迁回上海。开明书店的命运像章锡琛一样一波三折。

1949 年 5 月 27 日，上海解放。上海市军事管制委员会首先接收官僚资本的正中书局、中国文化服务社，并立即成立国营新华书店。“世界书局”和“大东书局”也被军管，没收了其中的官僚资本。

1950 年，政府继续对私营图书发行业整顿、改造，开明书店实行公私合营，不久后与青年出版社合并成为中国青年出版社，其发行部门则与三联书店、商务印书馆、中华书局和联营书店等单位组建成中国图书发行公司。

“开明书店”这块民国时期的金字招牌也从此成为历史。

作为“开明书店”的创始人，章锡琛在新中国成立后先后出任出版总署处长、专员，古籍出版社责任编辑、副总编辑。1956 年转入中华书局任副总编辑。

但令章锡琛万万没有想到的是，1958 年他被划为右派，挨批挨斗。虽然 1960 年摘掉了右派的帽子，但这位不辞辛劳的出版大家，终于没能逃过十年动乱的劫难，含冤离开了人世。

1969 年，弥留之际，章锡琛的耳畔又响起了一首年轻的歌：“开明风，开明风，好处在稳重，所惜大从容，处常绰有余，应变有时穷。我们要互助，合作，加强阵容，敏捷，活泼，增进事功。开明风，开明风，我们要创造新的开明风……”

这是当年那群开明人为自己写下的一首歌……